DIE KONDITOREI

Johannes J. Arens
Matthias Ludwigs
Fotografie: Jennifer Braun

DIE KONDITOREI

50 BACKREZEPTE TRADITIONELL UND INNOVATIV

CHRISTIAN

INHALT

VORWORT

Frankfurter Kranz, Bienenstich und Schwarzwälder Kirschtorte – die deutsche Feinbacktradition ist ebenso vielfältig wie raffiniert. Diejenigen Konditoreien, die die Sanierungswellen der 1980er-Jahre überstanden haben, gelten heute als Kleinode und schützenswerte Relikte einer vergangenen Welt – inklusive Kuchenbon, Servierschürzen und Kaffee im Kännchen.

Und dennoch – oder vielleicht gerade deshalb – ist das Image von Baumkuchen, Eissplittertorte und Margaretenkuchen mitunter etwas angestaubt. Dabei sind die geliebten Klassiker durchaus mit nur wenig Aufwand zu modernisieren – so lange es sie noch gibt.

Mit großer Begeisterung haben wir uns daher auf die Suche nach den ungehobenen Schätzen der deutschen Backstuben gemacht.

25 faszinierende Klassiker haben wir gefunden und jeweils mit einem traditionellen Rezept, einer zeitgemäßen Variante und ein wenig Geschichte versehen.

Wir wünschen viel Spaß beim Backen und Lesen!

EINLEITUNG

DIE KONDITOREI

Die Berufsbezeichnung „Konditor" ist seit dem 17. Jahrhundert belegt und abgeleitet von dem lateinischen Wort „condītor" für jemanden, der Speisen schmackhaft macht. Seit etwa 200 Jahren spricht man auch von einer Konditorei, wobei damit zunächst einmal nur die Backstube gemeint ist, in der die Kuchen, Torten und andere Süßwaren hergestellt werden.

Aber was macht die deutsche Konditorei (bzw. in Österreich und der Schweiz die deutschsprachige) so besonders? Auch in anderen europäischen Ländern gibt es Feinbacktradition. Es gibt Macarons und Eclairs in Frankreich, eine lange Schokoladengeschichte in Belgien, Gevulde Koeken und Bosche Bollen in den Niederlanden, Kransekage aus Dänemark, polnische Toruńskie Pierniki (Lebkuchen aus Thorn) und die tschechische Honigtorte Medovník – um nur einige wenige Beispiele zu nennen. Raffinierte Traditionen und Techniken, die mühelos mit dem Angebot in den hiesigen Kuchentheken mithalten können. Das Alleinstellungsmerkmal liegt in der Konditorei als einem Ort, den man als Gast besucht, um sich dort aufzuhalten und Feingebäck und Heißgetränke zu konsumieren. Zum Besonderen gehört der Kuchenbon, den man, nachdem man sich etwas in der Theke ausgesucht und einen Platz gefunden hat, an die Servicekraft weiterreicht. Speziell ist die Mischung aus älteren Damen, die schon seit Jahrzehnten hierherkommen, und einem jungen Publikum, das die Konditorei gerade erst für sich entdeckt. Dazu kommt das plüschige Ambiente, die dünne Papierserviette in der Kuchengabel, der Mittagstisch mit Königinnenpastetchen und Wiener Würstchen mit Kartoffelsalat und das Mineralwasser, das bei Bedarf auch auf Zimmertemperatur serviert wird. Um einen solchen Ort zu verstehen, muss man zunächst einmal rund 150 Jahre zurückschauen.

Ende des 19. Jahrhunderts vollzog Deutschland einen rasanten Aufstieg zur Wirtschaftsmacht. Die Gründung des Deutschen Reichs und eine umfassende Industrialisierung gingen einher mit der Erfindung eines bürgerlichen Alltags. Denn all das, was bislang nur für den Adel und bei Hofe zugänglich gewesen war, war plötzlich auch für eine wohlhabende Mittelschicht erreichbar. Dazu gehörten auch die Waren der Zuckerbäcker (bis weit ins 20. Jahrhundert hinein handelte es sich dabei vor allem um Männer). Das Kaffeehaus erwies sich als geeigneter Ort, um den neuen Wohlstand auf dem Kuchenteller publikumswirksam zu präsentieren. Die Konditorei in ihrer noch heute existierenden Form war erfunden.

Es existieren noch zahlreiche Betriebe, die aus diesen frühen Jahren stammen. Vielfach sind sie im Umfeld ehemaliger Adelshöfe angesiedelt, wie etwa die

Konditorei Kreutzkamm in Dresden (ehemaliger königlich sächsischer Hoflieferant), das Café Prinzess in Regensburg (Hoflieferant des Fürsten von Thurn und Taxis) oder die Konditorei Erbshäuser in München (ehemaliger königlich bayerischer Hoflieferant). Die Kaiserfamilie spielt in dieser Zeit nicht nur politisch eine gewichtige Rolle, sondern sie ist auch in der Konditorei zu finden. Im Lehrbuch „Praktische Konditoreikunst" von 1916 gibt es ein Rezept für die Hohenzollernspeise, eine Eisbombe, dekoriert mit Reichsfahne und -adler. Auch einzelne Familienmitglieder werden mit besonderen Dekorationsvorlagen geehrt, beispielsweise die letzte Kaiserin Auguste Viktoria mit Narzissen aus weißem Zucker auf dunkler Schokolade oder ihr Sohn Prinz Eitel Friedrich mit einem kleinen Hufeisen aus Marzipan auf rosafarbenem Maraschino-Fondant. Mit dem Kameruner und den Togoballen finden sich sogar Produkte, deren Namen an die schlimme Kolonialgeschichte Deutschlands erinnern. Backwaren sind der Spiegel gesellschaftlicher Entwicklungen und politischer Figuren, auch wenn die Torten zumeist wenig oder keinen Bezug zu den Personen haben, nach denen sie benannt sind. Etwa die Bismarck-, zu Ehren des ersten Reichskanzlers, die Moltke-, benannt nach dem preußischen Generalfeldmarschall, oder die Hindenburgtorte, im Gedenken an den letzten Reichspräsidenten.

Diese „Gründerzeit" genannte Phase des ökonomischen Aufschwungs schlägt sich in vielen Facetten des neuen Alltags nieder und es gibt interessante Parallelen zwischen historistischen Hausfassaden im sogenannten Zuckerbäckerstil und den imposanten Krokantaufsätzen für die mehrstöckigen Hochzeitstorten der Jahrhundertwende, wobei nicht immer geklärt werden kann, wer hier genau wen beeinflusst hat.

In der Architektur und im Kunsthandwerk folgten in den 1920er Jahren aber gestalterische Entwicklungen, die im Rahmen der Parole „form follows function" alle überflüssigen Dekorationen abschafften und sich auf das Wesentliche konzentrierten. Auch in der Ernährung gab es zaghafte Ansätze einer Erneuerung, bis die beiden Weltkriege jegliche gesellschaftliche Entwicklung ausbremsten.

Während der Städtebau der Nachkriegsjahre die Eleganz der Neuen Sachlichkeit wieder aufnahm, bereiteten die Küchen und Backstuben des Wirtschaftswunders den Boden für die sogenannte Fresswelle, in der es weniger um Nuancen und Raffinessen ging als vielmehr um wuchtige Portionen und eindrucksvolle Kalorienbilanzen.

Es sollte bis in die 1970er Jahre dauern, bis mit der Nouvelle Cuisine eine Bewegung aus Frankreich bei uns ankam, die mit verkürzten Kochzeiten, leichteren Saucen und unkomplizierten Menüs neuen Wind in die Speiserestaurants brachte. Im Gegensatz dazu hat es eine vergleichbare Entwicklung in der Konditorei nie gegeben. Das gegenwärtige Angebot in deutschen Kuchentheken ist nach wie vor erstaunlich deckungsgleich mit dem der Lehrbücher der Nachkriegsjahre.

TRADITION VS. INNOVATION

Die deutsche Feinbacktradition ist ebenso vielfältig wie raffiniert. Diejenigen Konditoreien, die die Sanierungswut der 1980er Jahre überstanden haben, gelten heute als Kleinode und schützenswerte Relikte einer vergangenen Welt – inklusive Kuchenbon, Servierschürzen und Kaffee im Kännchen. Und dennoch oder vielleicht gerade deshalb ist das Image von Baumkuchen, Eissplittertorte und Rehrücken etwas angestaubt. Dabei sind die geliebten Traditionen mit nur wenig Aufwand zu modernisieren – solange es sie noch gibt. Denn wie in anderen Sparten des Lebensmittelhandwerks auch fällt es den Konditorinnen und Konditoren mitunter schwer mitzuhalten, einen Nachfolger zu finden und im Cupcake-Waffel-Wirbel nicht unterzugehen.

Für dieses Buch haben wir uns 25 Klassiker genauer angeschaut, jeweils eine traditionelle Form ausgesucht und eine innovative Variante entwickelt. Ausnahmen bilden die vier Ausflüge in Konditoreien in Köln, München, Lübeck und Cottbus, in denen wir uns Bienenstich, Prinzregententorte, Marzipantorte und Baumkuchen angeschaut haben. Für diese vier Spezialitäten gibt es kein traditionelles Rezept, denn das Original muss man vor Ort probieren, ein Besuch in den jeweiligen Häusern ist eine schönere Erfahrung, als man sie sich selbst jemals backen könnte.

In den Neuinterpretationen geht es uns nicht um Neuerfindungen, sondern vielmehr darum, das, was die Nouvelle Cuisine im Fine Dining geschafft hat, auch in die Kuchentheken zu bringen. Dabei liegt die Konzentration auf das Wesentliche im Fokus, denn die Kompositionen sind gut, aber über die Jahrzehnte hier und da etwas aus der Zeit gefallen. Torten in Deutschland kann man nach wie vor mit den Begriffen „groß" und „viel" beschreiben und wir haben uns gefragt, warum das eigentlich so ist. Denn wir befinden uns weder in den protzigen Gründungsjahren des deutschen Kaiserreichs noch in der Nachkriegslandschaft der Bonner Republik, in der man mit Sahne, Ei und Butter den neuen Wohlstand demonstrierte.
Dort, wo das Verhältnis von Geschmack und Volumen nicht mehr stimmt, haben wir deshalb die Portionsgröße angepasst, den Sahnegehalt reduziert und die Cremes nicht nur gehaltvoller, sondern auch aromatischer gemacht. Die Böden sind nicht mehr nur Füllmaterial und Stabilisatoren für den Transport, stattdessen eigenständige Bestandteile mit nuancierten Geschmacksprofilen. Vielfach sind die Neuinterpretationen also kleiner und intensiver. Es ging uns darum, andere Aromen einzufügen und die vorhandenen Komponenten genauer aufeinander abzustimmen – hier ein bisschen weniger, dort ein bisschen mehr –, um ein authentisches kulinarisches Erlebnis zu schaffen.

Aus diversen klassischen Formen sind Törtchen, Tartelettes, Schnitten oder Riegel geworden, weil wir die deutsche Konditoreikunst genießen wollen und nicht von ihr erschlagen werden möchten. Kalorienarm sind auch die Neufassungen nicht, aber mit ein bisschen Achtsamkeit lässt sich das eine oder andere Gebäck problemlos in einen gesunden Alltag einbauen.

TÖRTCHEN
TÖRTCHEN

HISTORIE

Den einzelnen Kapiteln vorangestellt sind informative und unterhaltsame Texte rund um ihre Geschichte, Entstehung und Herkunft. Aber nicht immer lässt sich nachvollziehen, wo, wann und wie die Klassiker entstanden sind. Die Bandbreite reicht dabei von historisch belegten Erfindungen wie etwa dem Wiesbadener Törtchen bis hin zur ungeklärten Verortung des Margaretenkuchens, von aus dem Mittelalter stammenden Lebkuchentraditionen bis hin zu Torten wie der Flockensahne, von der wir nur wissen, dass sie etwa in den 1960er Jahren zum ersten Mal auftauchte. Fest steht, dass abseits von einigen wenigen Lehrbüchern sehr wenig über die Konditorei geschrieben wurde. Das ist bedauerlich, weil ihre Waren ein Teil unserer kulinarisch-kulturellen Identität sind. Dieses Buch soll daher mehr sein als ein einfaches Backbuch, es blickt zurück in die stattliche Vergangenheit, dokumentiert den Kanon der Gegenwart und macht Vorschläge für eine aufregende Zukunft.

APFEL KUCHEN

Matthias Ludwigs

„In meiner ersten Anstellung als Patissier habe ich mal Äpfel bestellt und war ganz stolz darauf, dass ich wusste, welche Sorte ich brauche. In der Ware lag damals ein netter Zettel vom Lieferanten, der wissen wollte, wer mitten im Winter einen Sommerapfel bestellt. Hier haben wir Elstar genommen, weil der ein ausgewogenes Verhältnis von Süße und Säure und eine gute Konsistenz hat und eben meistens auch verfügbar ist."

Der Apfelkuchen ist vermutlich der kleinste gemeinsame Nenner in der Kuchentheke und gleichzeitig ein Favorit, den es in unzähligen Ausführungen und Abwandlungen gibt. Wir haben oft eine klare Vorliebe für eine bestimmte Form, die wir mit nostalgischen Kindheitserinnerungen verbinden. Es gibt ihn vom Blech mit Hefeteig und Streuseln, als Kuchen mit Mürbeteigdecke oder als Torte mit Weißwein und Rosinen.

Das „Neue Große Konditoreibuch" von 1950 etwa listet bayerische, gedeckte und Holländer Apfeltörtchen sowie schwäbische Apfeltorte und rät den Konditorinnen und Konditoren, „das Einkochen der Äpfel recht früh vorzunehmen, da einerseits die Äpfel durch längeres Lagern einen großen Teil ihrer Geleekraft einbüßen und andererseits von Tag zu Tag teurer werden." Es gibt vermutlich kaum noch Betriebe, die ihr Obst noch selbst einkochen, aber es lohnt sich, dem eigentlichen Hauptdarsteller ein wenig mehr Aufmerksamkeit zu schenken.

Unser klassisches Rezept besteht aus einem Mürbeteig, einer Quarkcreme, fein eingeschnittenen Äpfeln und einer Royale aus Sahne und Ei. In der Überarbeitung haben wir die Konsistenzen aufgelockert, uns von einem im Ganzen gebackenen Kuchen verabschiedet. Wir haben die einzelnen Komponenten getrennt voneinander zubereitet und anschließend kombiniert. Der frisch-säuerliche Geschmack der pochierten Apfelstücke kommt in einer kleinen Tartelette mit einem Topping aus Schmand und Sahne besonders gut zur Geltung.

Schwäbischer Apfelkuchen

TIPPS

Die Zugabe von Ei erhöht die Stabilität des Teigs beim Backen, z.B. rutscht der Rand nicht so stark herunter.

Reste vom Mandelmürbeteig können sofort für ein anderes Rezept verwendet oder gut verpackt einfroren werden.

FÜR 1 KUCHEN (Ø 26 CM) *ZUBEREITUNGSZEIT* *ca. 1 h* *RUHEZEIT* *mind. 1 h*

85 g **Butter**	1 g **Salz**	60 g **Puderzucker**	20 g **Mandelkerne** gemahlen (alternativ z. B. Haselnusskerne)
2 **Eier**	190 g **Weizenmehl Type 405** plus etwas mehr für die Teigbearbeitung	120 g **Magerquark**	65 g **Zucker**
30 g **Maisstärkemehl oder Vanillepuddingpulver**	160 g **flüssige Sahne** (33–35 % Fettgehalt)	4 **mittelgroße Äpfel** (z. B. Boskoop, à ca. 200 g)	60 g **Aprikosenkonfitüre** ohne Stücke (optional)
40 g **Mandelblätter** geröstet (optional)	**Mandelbiskuitboden** (siehe Rezept »Mandel-Zitronenrolle« Seite 213)		

FÜR DEN MANDELMÜRBETEIGBODEN die Butter, das Salz und den Puderzucker in der Rührschüssel einer Küchenmaschine mit dem Knethaken etwas vermischen. Dann die gemahlenen Mandeln und ein Eiweiß untermischen. Am Ende das Mehl dazusieben und alles zu einem glatten Teig kneten. Den Teig auf der bemehlten Arbeitsfläche zu einem flachen Rechteck formen, in Folie einwickeln und mindestens 1 Stunde kalt stellen. Den durchgekühlten Teig bei Bedarf etwas weich klopfen und dann mit ausreichend Mehl auf der Arbeitsfläche gleichmäßig rund ausrollen. Die Teigplatte dabei auf einen Durchmesser von ca. 32 cm ausrollen, da in der Form ein ca. 3 cm hoher Rand geformt werden soll. Den Boden in die Form einpassen und einen gleichmäßigen Rand formen. Alternativ den Boden zwischen zwei Lagen Backpapier oder zwei Silikonbackmatten ausrollen, in die Form einpassen und anschließend kalt stellen.

Den Mandelbiskuitboden als unterste Schicht auf den Teigboden legen. Den Quark mit dem Zucker und dem Stärkemehl glatt rühren und dann das restliche Ei, das restliche Eigelb und die Sahne unterrühren. Die Quarkfüllung auf dem Mandelbiskuitboden verteilen und glatt streichen. Die Äpfel schälen, vierteln und das Kerngehäuse entfernen. Dann die Apfelviertel auf der Außenseite einritzen, aber nicht durchschneiden, und mit der eingeritzten Seite nach oben leicht in die Quarkmasse drücken. Die Apfelviertel der äußeren Reihe dürfen sich dabei etwas überlappen, da die Äpfel beim Backen etwas schrumpfen. Den Kuchen im auf 160 °C vorgeheizten Backofen (Umluft) 40–45 Minuten backen. Dann aus dem Ofen nehmen, den Rand vorsichtig lösen und den Kuchen auskühlen lassen. Nach Wunsch die Aprikosenkonfitüre unter Rühren aufkochen lassen und 1 Minute köcheln lassen. Mit einem Pinsel vorsichtig auf der Oberfläche und den Seiten des Kuchens verteilen. Nach Wunsch den Rand mit Mandelblättern dekorieren.

FÜR 10 TARTELETTES (À Ø 8 CM)		ZUBEREITUNGSZEIT ca. 1 h	RUHEZEIT mind. 4 h
1 Blatt Gelatine	240 g Schmand	290 g flüssige Sahne (33–35 % Fettgehalt)	95 g Zucker
Abrieb von 1 unbehandelten Zitrone (alternativ Vanilleextrakt oder Gewürze)	30 g Maisstärkemehl oder Vanillepuddingpulver	1 Ei	1 Eigelb (optional)
Mandelmürbeteig oder Mürbeteig (s.o.)	Weizenmehl Type 405 für die Teigbearbeitung	3 mittelgroße Äpfel (z. B. Boskoop, à ca. 200 g)	35 g Wasser
½ Vanilleschote			

FÜR DIE SCHMAND-CREME die Gelatine 5 Minuten in kaltem Wasser einweichen. 50 ml Sahne über einem Wasserbad erwärmen und 10 g Zucker sowie die ausgedrückte Gelatine darin auflösen. Anschließend erst 100 g Schmand, dann 100 ml Sahne zügig einrühren. Die Creme nach Wunsch mit Zitronenabrieb oder einer Alternative etwas aromatisieren. Die Schmand-Creme in eine Schüssel füllen und mindestens 4 Stunden abgedeckt kalt stellen.

FÜR DIE SCHMAND-FÜLLUNG den restlichen Schmand (140 g) mit 60 g Zucker und dem Stärkemehl glatt rühren. Dann das Ei und nach Wunsch das Eigelb sowie die restliche Sahne (140 g) unterrühren, aber nicht schaumig schlagen.

Den Mandelmürbeteig (oder Mürbeteig) auf der bemehlten Arbeitsfläche auf ca. 2 mm Dicke ausrollen und Kreise (Ø 12 cm) ausstechen. Die Mürbeteigscheiben vor dem Einpassen in die Formen kalt stellen, bis sie wieder etwas fester geworden sind. Anschließend in die Formen einpassen. Dabei sollte sich die Oberfläche der Teigscheiben leicht stumpf anfühlen. Ist sie zu glatt, leicht mit Mehl bestauben und diese Seite nach unten in die Form einlegen. Jetzt rundherum den Rand formen und dabei die Teigplatte in die Form »rutschen« lassen. Zum Schluss den Rand leicht andrücken und überstehenden Teig abschneiden. Die Tartelettes im auf 150 °C vorgeheizten Backofen (Umluft) ca. 20–25 Minuten goldbraun backen. Sollte sich während des Backvorgangs der Boden nach oben wölben, kann er nach ca. 5 Minuten Backzeit vorsichtig (heiß!) mit dem Boden eines dicken Glases kräftig wieder nach unten gedrückt werden. Die Tartelettes anschließend aus dem Ofen nehmen und sofort, z. B. mit einem spitzen Messer, vorsichtig den Rand von den Formen ablösen, da er im erkalteten Zustand beim Ablösen leicht zerbröseln kann.

Die Schmand-Füllung auf die Tartelettes verteilen und anschließend weitere 10 Minuten backen, bis die Füllung fest geworden ist. Sie sollte sich nicht mehr bewegen lassen, wenn an der Form gerüttelt wird.

Die Äpfel schälen und seitlich gleichmäßige 5 mm dicke Scheiben abschneiden, sodass am Ende ein quadratisches Kerngehäuse übrig bleibt. Die Scheiben anschließend erst in Stifte und dann in Würfel (5 mm Kantenlänge) schneiden. Dabei alle unsauber geschnittenen Stücke aussortieren und in einen Topf geben. Für die exakte Herstellung der Scheiben und Stifte kann auch ein geeigneter Hobel benutzt werden. Die Apfelwürfel beiseitelegen.

Die aussortierten Apfelstücke mit dem restlichen Zucker (25 g), dem Wasser, dem ausgekratzten Vanillemark und -schote in einen kleinen Topf geben und abgedeckt ca. 10 Minuten dünsten. Dann die weichen Apfelstücke zu einem Brei zerdrücken, die beiseitegestellten Apfelwürfel zugeben und alles für weitere 5 Minuten dünsten. Die Würfel sollten noch leichten Biss haben, müssen aber vollständig gegart sein, damit sie ihre schöne Farbe beibehalten. Die Apfelfüllung abgedeckt im Topf auskühlen lassen.

Zur Fertigstellung die Vanilleschote entfernen, das Apfelragout vorsichtig durchrühren und auf die ausgekühlten Tartelettes verteilen. Dabei die Oberfläche so gut wie möglich glätten.

Die kalte Schmand-Creme wie Schlagsahne aufschlagen. Dies dauert allerdings deutlich länger. Die Konsistenz sollte am Ende wie cremige Schlagsahne sein. Falls dies nicht der Fall ist, die Creme im Anschluss noch einmal 15–30 Minuten in den Kühlschrank geben.

Zwei Esslöffel in einen kleinen Topf mit warmem Wasser stellen und mit den angewärmten, feuchten Löffeln Nocken aus der Schmand-Creme formen und mittig auf dem Apfelragout platzieren.

Apfeltartelettes

TIPPS

Falls kein passender Ausstecher vorhanden ist, einfach z.B. einen kleinen Unterteller auflegen und mit einem Messer ausschneiden. Die Ränder müssen dabei nicht sauber sein, da sie nach dem Einpassen in die Form zugeschnitten werden. Um »perfekte« Tartelettes zu bekommen, sollten diese zum Backen ohne Backpapier auf ein perforiertes Backblech gestellt werden. Der entstehende Wasserdampf kann dabei durch die Löcher entweichen und der Teig wölbt sich nicht. Diese Bleche gibt es z.B. als Pommes-Backbleche oder für Dampfgarer zu kaufen.

BAUM KUCHEN

Das klassische Rezept aus der Manufaktur in Chemnitz bleibt dort, wo es herkommt – das wollen und können wir nicht verbessern. Wir haben uns aber überlegt, wie man den König der Kuchen auch in einem haushaltsüblichen Backofen mit Grillfunktion zubereiten kann. Den Verweis auf den Baum, der von den übereinander gebackenen Schichten stammt, die aufgeschnitten an die Jahresringe erinnern, haben wir in einer Holzmaserung aus verschiedenfarbiger Schokolade noch einmal aufgegriffen.

Baumkuchentorte

FÜR 1 TORTE (Ø 24 CM)			ZUBEREITUNGSZEIT ca. 1,5 h
150 g Weizenmehl Type 405	100 g Stärkemehl	75 g Mandelkerne gemahlen	1 TL Backpulver
6 Eier	250 g Butter plus etwas mehr für die Form	250 g Zucker	1 TL Vanilleextrakt
1 Prise Salz	150 g Orangenmarmelade oder Johannisbeergelee	300 g temperierte dunkle Kuvertüre (60–70 % Kakaogehalt)	weiße Schokoladen-dekoration (z. B. Raspel oder Röllchen, optional)

Das Mehl, das Stärkemehl, die Mandeln und das Backpulver in eine Schüssel sieben. Die Eier sorgfältig trennen, das Eiweiß in einer separaten Rührschüssel beiseitestellen. Die Butter mit dem Zucker, dem Vanilleextrakt und dem Salz in der Rührschüssel der Küchenmaschine schaumig rühren. Dann das Eigelb einzeln nacheinander unterrühren. Anschließend die Mehlmischung unterrühren.

Das Eiweiß steif schlagen und unterheben. Die Kuchenform gut einfetten. Etwa 2 EL Teig auf dem Boden glatt streichen und im auf 250 °C vorgeheizten Backofen (Grillstufe) 3–4 Minuten goldbraun backen. Die Kuchenform aus dem Ofen nehmen und weitere 2 EL Teig auf dem bereits gebackenen Boden verstreichen. Erneut goldbraun backen. Auf diese Weise den gesamten Teig verarbeiten. Am Ende sollte die Baumkuchentorte aus ca. zehn Schichten bestehen.

Die Marmelade erhitzen und durch ein Sieb streichen.
Die fertig gebackene Baumkuchentorte auf der Oberseite sofort dünn mit der Marmelade bestreichen. Die Baumkuchentorte komplett mit der Kuvertüre überziehen und diese fest werden lassen. Nach Wunsch mit Schokoladendekoration garnieren.

FÜR 8 TARTELETTE-FÖRMCHEN (À Ø 8 CM)		ZUBEREITUNGSZEIT ca. 2 h	RUHEZEIT mehrere h
100 g Butter plus etwas mehr für die Formen	115 g Zucker	20 g Haselnusspaste	Abrieb von ½ unbehandelten Zitrone
1 Prise Salz	100 g Maisstärkemehl	4 Eier	20 g Rum
25 g flüssige Sahne (33–35 % Fettgehalt)	80 g temperierte Vollmilch-kuvertüre	2 Bögen glatte, feste Folie (z. B. Kopierfolie DIN A5)	1 Marmorier-Werkzeug (z. B. Malerbedarf)
400 g temperierte dunkle Kuvertüre (60–70 % Kakaogehalt)			

Die Butter mit 15 g Zucker, der Haselnusspaste, dem Zitronenabrieb und dem Salz in der Rührschüssel einer Küchenmaschine cremig rühren. Dann die Eier trennen, das Eigelb zur Butter, das Eiweiß in eine separate Rührschüssel geben. Das Stärkemehl zur Butter geben und alles cremig aufschlagen. Das Eiweiß mit dem restlichen Zucker (100 g) zu cremigem Eischnee schlagen. Dann den Rum und die Sahne unter die Eigelbmasse rühren und danach den Eischnee nach und nach unterheben. Den Boden der gefetteten Tartelette-Förmchen mit passenden Backpapierzuschnitten auslegen. Dann je 1 EL Teig auf dem Boden verteilen. Anschließend die Formen auf ein Backblech stellen und auf der zweiten Einschubleiste von oben in den auf Grillstufe vorgeheizten Backofen schieben. Unter Sichtkontrolle den Teig goldbraun backen. Dann das Backblech herausnehmen, jeweils 1 EL Teig als zweite Schicht auf dem Boden verteilen und erneut backen. Diesen Vorgang wiederholen, bis der komplette Teig aufgebraucht ist. Die fertigen Baumkuchenscheiben in der Form auskühlen lassen. Die Baumkuchenscheiben dann aus den Formen lösen und nach Wunsch in Gefrierbeutel verpackt über Nacht einfrieren, damit das Ergebnis noch saftiger wird. Eingefrorene Baumkuchenscheiben dann 1 Stunde vor der Weiterverwendung bei Raumtemperatur auftauen lassen.

Jeweils die Hälfte der temperierten Vollmilchkuvertüre als Streifen am schmalen Ende der Folien verteilen. Dann mit dem Marmorier-Werkzeug und leichter »Wiegebewegung« ein dekoratives Muster auf der Folie herstellen. Sobald die Kuvertüre anfängt fest zu werden, die Folien mit einem scharfen Messer vierteln.

Nach Wunsch den Rand der gebackenen Baumkuchenscheiben mit einem Messer etwas zuschneiden oder die Scheiben mit einem passenden Ausstecher ausstechen. Die temperierte dunkle Kuvertüre in eine Schale füllen, deren Durchmesser nur etwas größer ist als der der Baumkuchenscheiben. Die Baumkuchenscheiben nacheinander auf die Oberfläche der Kuvertüre legen und mithilfe von Pralinengabeln in die Kuvertüre drücken, bis der gesamte Rand mit Schokolade bedeckt ist. Dann mit einer Gabel unter die Scheibe fahren und diese wenden. Anschließend mit einer zweiten Gabel rechts und links etwas in den Rand stechen und die Scheibe aus der Kuvertüre heben. Überschüssige Kuvertüre z. B. mit einem Fön abblasen, am Rand der Schale abstreifen und mit der Oberseite nach oben auf ein Blatt Backpapier legen. Anschließend sofort die Folien mit dem Muster nach unten auf die Baumkuchenscheiben legen und mit einem Pinsel vorsichtig etwas andrücken. Die Kuvertüre mindestens 1 Stunde trocknen lassen und dann vorsichtig die Folien abziehen.

Nussige Baumscheiben nach Salzwedeler Art

27

TIPPS

Das Backergebnis hängt sehr von den individuellen Eigenschaften des verwendeten Backofens ab. Ist die Temperatur zu hoch und/oder das Backblech zu nah an den Grillstäben, ist die Oberfläche zu schnell gebräunt, aber die Masse darunter noch nicht gar. Dauert der Backvorgang zu lange oder wird mit Umluft gebacken, trocknet die Masse zu stark aus.

Alternativ zur Dekoration mit Vollmilchkuvertüre können auch geröstete, gehackte Haselnusskerne auf die gerade mit Kuvertüre überzogenen Baumkuchenscheiben gestreut werden.

Zum Temperieren von Kuvertüre wird diese gehackt und in eine Schale gefüllt. Dann die Kuvertüre über einem Wasserbad auflösen und auf max. 40–45 °C erhitzen. Vor allem Vollmilch- und weiße Kuvertüre dabei regelmäßig umrühren. Sorgfältig darauf achten, dass keine Wassertropfen zur Schokolade gelangen. Anschließend die Schokolade unter regelmäßigem Umrühren abkühlen lassen: dunkle Kuvertüre ca. 28–29 °C, Vollmilchkuvertüre ca. 26–27 °C und weiße Kuvertüre ca. 25–26 °C. Danach die Kuvertüre temperieren: dunkle Zartbitterkuvertüre ca. 30–31 °C, Vollmilchkuvertüre ca. 28–29 °C und weiße Kuvertüre ca. 27–28 °C. Zum Temperieren von Kuvertüre unbedingt ein Küchenthermometer verwenden.

BAUMKUCHEN / *GROCH & ERBEN COTTBUS*

BAUMKUCHEN

Die genaue Herkunft der Methode ist unbekannt. Wie man darauf kam, einen Kuchen nicht in einer Form, sondern auf einer horizontalen Walze in unterschiedlichen Schichten zu backen, ist ungeklärt. Schon die Mutmaßungen über den Ursprung der Bezeichnung „Baumkuchen" gehen weit auseinander. Für die einen, beispielsweise das „Wörterbuch der deutschen Gegenwartssprache", geht der Begriff auf seine „zackige Gestalt" zurück, die an einen Baum erinnere. Für die anderen liegt der Ursprung in der Fertigung in vielen einzelnen Schichten, die an die Jahresringe im Holz erinnern.

Die technische Verwandtschaft mit etwa dem ungarischen Baumstriezel oder dem slowakischen Trdelník ist erkennbar, auch wenn sich die Gebäcke schon in der Zubereitung der Grundmasse deutlich unterscheiden. Das erste deutschsprachige Rezept stammt aus der Mitte des 15. Jahrhunderts und findet sich in einer Heidelberger Handschrift, wobei der Baumkuchen im Südwesten des Landes keine besondere Tradition mehr hat.

Wie dem auch sei, er gilt durch seine aufwendige Herstellung als Spitzenprodukt der Konditorei und ist, neben dem Gugelhupf, sehr häufig in den Logos und Wappen von traditionellen Betrieben, Verbänden und Innungen zu finden.

GROCH & ERBEN

Die Wurzeln der Manufaktur mitten in der Cottbusser Innenstadt gehen zurück auf Maria Groch, die hier 1819 den ersten Baumkuchen buk. Ihre Tochter Wilhemine Kluge baute die Produktion aus und bekam 1886 den Titel „Kaiserliche Hoflieferantin" verliehen. Vier Jahre später stieg der Dresdner Konditor Max Lauterbach ein.

GROCH 1819
ERBEN
GROCH 1819
ERBEN

Carsten und Peter Hajek übernahmen das Café Lauterbach in den 1980er Jahren, 2006 gründete Sohn Sören die gegenwärtige Manufaktur und bringt gemeinsam mit seiner dänischen Partnerin skandinavische Leichtigkeit, reduziertes Design und das Thema Nachhaltigkeit in „die schönste Schichtarbeit der Welt".

REPORTAGE

Die Manufaktur befindet sich im Haus direkt neben dem Café, in einem klassizistischen Bau, im warmen Rot gestrichen. Zwischen den weißen Fensterrahmungen stehen auf Tafeln die Namen der Konditorinnen und Konditoren, die in Cottbus die Grundsteine für die Baumkuchentradition gelegt haben. Sören Hajek empfängt uns am Seiteneingang. „Wir sind seit einer Woche mit unserem Anbau fertig", sagt er, „sodass wir glücklicherweise nicht eine Baustelle besichtigen müssen." Alles wirkt noch neu, an den Räumen hängen elegante Schilder mit der Aufschrift „Veredelung", „Backstube" und „Versand". Aber es riecht beruhigend wie in einer klassischen Konditorei und auch die Schlagermusik im Hintergrund kommt uns von anderen Besuchen bekannt vor.

Sören Hajek hat früher mal in der Luftfahrt gearbeitet, bis er 2006 mit seiner Partnerin beschloss, aus dem elterlichen Betrieb heraus die Manufaktur zu gründen. „Die neue Marke heißt Groch & Erben", erklärt er, weil man wieder an die Traditionen aus dem 19. Jahrhundert habe anknüpfen wollen. Inzwischen produziert er acht Tonnen Baumkuchen im Jahr. „Das ist im Vergleich zu Salzwedel aber eher wenig." Salzwedel ist der große Konkurrent, bzw. eher der Mitbewerber. Denn auch in der 300 Kilometer entfernten Stadt im Nordwesten Sachsen-Anhalts produziert man Baumkuchen. Allerdings entsteht die dort typische Tannenbaumform durch das Auftröpfeln der Masse, während hier in Cottbus die Walzen komplett in den Teig getaucht werden, Ring für Ring. Das macht den Kuchen hier ziemlich solide, der in Salzwedel hingegen bleibt eher luftig.

„Wir haben das mit dem Träufeln auch mal ausprobiert", erinnert sich Vater Carsten Hajek, der inzwischen zu uns gestoßen ist, „danach haben wir es aber gelassen." Auch in anderen Städten gibt es Baumkuchen, beispielsweise im renommierten Café Buchwald in Berlin. „Aber auch da kam der Gründer ursprünglich aus Cottbus."

Im Flur steht ein Museumsstück, eine alte Rührmaschine, so wie sie früher in den meisten Konditoreien zu finden war. Diese hier wurde längst schon ersetzt und verweist einmal mehr auf die traditionellen Wurzeln des Betriebs. Die klassischen Geräte zur Baumkuchenherstellung hingegen sind inzwischen schwer zu bekommen, am ehesten noch auf Ebay. Im Erdgeschoss bewundern wir eine alte Apparatur, die bis in die 1930er-Jahre in Betrieb war. „Forst, Niederlausitz" steht auf dem Gerät. Auch in der DDR wurde Baumkuchen hergestellt, allerdings im VEB und in einer anderen Qualität, erklären die Hajeks. Das regionale Produkt war damals aber nur schwer erhältlich, im Bezirk Cottbus eigentlich nur in den staatlichen Delikatläden. „Weihnachten bekam man dann schon mal ungarische Salami, einen Kasten Radeberger oder eben Baumkuchen." Aber die Qualität litt unter der Planwirtschaft, weil der hohe Arbeitsaufwand nicht einkalkuliert war. „Das waren nur Automaten und durch die Fettglasur bekam man schnell so stumpfe Zähne."

Der Senior erzählt uns, wie man nach der Wende wieder in die Baumkuchenproduktion eingestiegen sei. „Wir haben Baumkuchen an alle Cottbusser im Westen verschickt, die wir kannten. Ohne Rechnung." Die Reaktionen auf das unerwartete Stück Heimat waren überwältigend. 1995 kam die Bundesgartenschau und es wurde viel investiert. Und irgendwann haben sich dann mehr und mehr Menschen auf die regionalen Traditionen zurückbesonnen.

Inzwischen wird der Baumkuchen aus Cottbus in die ganze Welt versendet. Die Matcha-Version verkauft sich auch in Japan und Singapur. Dass Baumkuchen dort ein Thema ist, hat sich inzwischen herumgesprochen. Sören Hajek hat sich die Produktion vor Ort angeschaut und auch der Chef eines japanischen Unternehmens ist schon hier gewesen.

Backstube

Dann ist es so weit, wir wechseln wieder ins Obergeschoss, um endlich zu sehen, wie der Cottbusser Baumkuchen hergestellt wird. So richtig los geht es in der Produktion erst im Oktober. Denn auch wenn für den klassischen Baumkuchen wenig bis keine Gewürze verwendet werden, verbinden ihn viele Kundinnen und Kunde mit Weihnachten. Im Rest des Jahres wird in der Regel einmal pro Woche gebacken.

„Wir benutzen die alten Rezepturen aus dem Café Lauterbach", erklärt Sören Hajek, „letzten Endes gehen die aber zurück bis auf Maria Groch. Da gibt es eine durchgängige Linie bis in die Gegenwart." Die Basis ist über die Jahre unverändert geblieben – eine sogenannte Dreikesselmasse. Die besteht zum Ersten aus Butter, Mehl und Stärke, zum Zweiten aus Eiweiß und Zucker und zum Dritten aus Eigelb. Wenn die Konsistenzen stimmen, kommen die drei Bestandteile in einem vierten Kessel zusammen.

Die Vorarbeit ist heute schon erledigt und Konditor Sebastian wartet an den Walzen auf uns. Schon nach wenigen Minuten wird klar, was mit Arbeitsaufwand gemeint ist. Er streicht mit einem Handschuh über die in Alufolie eingepackte Walze. Früher, zu Zeiten von Maria Groch, wurden die Walzen noch von Hand mit einem in Bienenwachs getauchten Faden umwickelt, den man später dann wieder herausziehen konnte.

Nach der Lehre verschlug es ihn für 15 Jahre nach Baden-Württemberg, bis er wieder in die Heimat zurückkehrte. Seit 2017 backt er Baumkuchen.

Mit konzentrierter Miene taucht er die Walzen in die Masse, streift überflüssigen Teig ab und sorgt mit einem breiten Kamm aus Metall für die Typische Wellenform des Kuchens.

Es geht hier offensichtlich viel um Präzision. Insgesamt werden 16 Schichten aufgetragen, die dem Baumkuchen im Querschnitt seine typische Struktur geben. Auf dem Tisch neben ihm liegt eine Handvoll Münzen, die Sebastian hin und her schiebt, um nicht durcheinanderzugeraten. „Die brauche ich", sagt er, „da muss nur einer mal dazwischenquatschen und ich weiß nicht mehr, bei welcher Schicht ich bin."

Am Ende, nach dem Backen, wird das Gewicht mit einer Kofferwaage bestimmt. Denn jeder Kuchen muss vor dem Zerteilen etwa gleich schwer sein. „Man muss das üben", sagt Sebastian. „Man muss das wollen", sagt der Geschäftsführer und meint damit weniger die Herstellung selbst als die Tatsache, eine Manufaktur zu führen.

Im Sommer gibt es auch schon mal eine Pause in der Produktion. Wenn es heiß ist, ist Baumkuchen nicht das Allererste, an das die Kunden denken. Daher schlägt die Manufaktur neue Wege ein: Es gibt eine Sommervariante mit Himbeere und eine mit einer eher fruchtigen Zuckerglasur und essbaren Blüten. „Außerdem ist Nachhaltigkeit ein wichtiges Thema für uns", sagt Sören Hajek, „wir haben gerade eine Fotovoltaikanlage auf dem Dach anbringen lassen."

1819
TÖRTCHEN
TÖRTCHEN

„Ich weiß nicht mehr, wo ich das Gerät ausgegraben habe, und es könnte theoretisch auch für die Herstellung von Pasteten gedacht sein. Auf jeden Fall kann man Ringe damit ausstechen und direkt auswerfen."

„In Deutschland ist Nougat das klassische Produkt, in Frankreich verwendet man eher die Vorstufe Praliné. Damit bin ich flexibler – durch die Zugabe von Schokolade kann ich immer noch Nougat draus machen."

ANANAS TÖRTCHEN

Das sogenannte Wiesbadener Törtchen stammt in der Tat aus der Stadt am Rhein, wo es 1903 in der Konditorei Kunder erstmals hergestellt wurde.

Wiesbaden war um die Jahrhundertwende mit Spielbank und Staatstheater eine beliebte Kurstadt und zählte als „Nizza des Nordens" die meisten Millionäre unter seinen Einwohnerinnen und Einwohnern. Da liegt die Erfindung eines kleinen, gut transportierbaren Gebäcks mit erlesenen Zutaten auf der Hand. Während Marzipan und Nougat schon seit dem Mittelalter bzw. den Napoleonischen Kriegen bekannt sind, blieb die Ananas lange Zeit immer noch exotisch. Erstmals gelang der Anbau im Gewächshaus hierzulande zu Beginn des 18. Jahrhunderts und bis zum Ende des Ersten Weltkriegs wurde sie etwa in den Gewächshäusern von Sanssouci in Potsdam gezüchtet.

Das Wiesbadener Törtchen besteht aus einem Waffelboden, Haselnussnougat, Marzipan und Ananaskonfitüre. Als Spielart haben wir uns für einen Riegel entschieden, die Waffeln durch knusprige Hippenblätter ersetzt, mit Nougat, Ananas und Marzipan gefüllt und mit Schokolade überzogen.

Wiesbadener Ananastörtchen

TIPP

Teigreste von den Waffelblättern lassen sich sehr gut einfrieren. Wiesbadener Törtchen sind lange haltbar, weswegen sie sich gut als Mitbringsel eignen. Das war ursprünglich auch die Intention bei ihrer Erfindung.

2 **Eiweiß** (Größe M)	60 g **Puderzucker** plus etwas mehr für die Marzipanbearbeitung	60 g **Weizenmehl Type 405** gesiebt	60 g **flüssige Butter**
240 g **Marzipanrohmasse**	210 g **Nougat**	200 g **temperierte dunkle Kuvertüre** (60–70 % Kakaogehalt)	110 g **Ananaskonfitüre**
60 g **geröstete, gehackte Mandelkerne**			

FÜR DIE WAFFELBLÄTTER das Eiweiß mit dem Puderzucker und dem Mehl glatt rühren, die Butter zugeben und alles gut vermischen. Je nach Temperatur der Butter ist die Masse geschmeidiger oder fester, für die Verarbeitung ist es leichter, wenn sie etwas fester ist. Einen Bogen Backpapier auf die glatte Arbeitsfläche legen, eine Schablone (Ø 8 cm, Höhe 1 mm) auflegen und damit Teigkreise aufstreichen. Dazu die Kante der Palette auf die Schablone auflegen und beim Aufstreichen aufliegen lassen, damit die Hippen gleichmäßig dünn werden. Es werden zwar nur 24 Kreise benötigt, es empfiehlt sich aber, etwas mehr herzustellen, da sie sehr leicht zerbrechen. Die Waffelblätter im auf 180 °C vorgeheizten Backofen (Umluft) 4–5 Minuten goldgelb backen. Nach dem Backen in heißem Zustand vom Backpapier lösen und zum Auskühlen locker darauf liegen lassen. Da sie sehr feuchtigkeitsempfindlich sind, sollte man sie entweder luftdicht lagern oder direkt weiterverarbeiten.

FÜR DIE MARZIPANRINGE die Rohmasse gut durchkneten, ca. 1 cm dick ausrollen und Ringe (Ø außen 8 cm, innen 5 cm) ausstechen. Alternativ 4 cm lange Stücke aus der Marzipanrohmasse formen, zu Ringen legen und etwas flach drücken.

FÜR DIE FÜLLUNG den Nougat in einer Schüssel über einem Wasserbad schmelzen und dann auf 30 °C temperieren. Sechs Waffelblätter nebeneinander auf der Arbeitsfläche auslegen und je ½ TL Nougat in der Mitte der Blätter platzieren. Jeweils ein weiteres Waffelblatt auflegen und vorsichtig andrücken, damit sich der Nougat zwischen den Blättern verteilt. Auf diese Weise jeweils vier Blätter übereinanderstapeln. Dann den Nougat fest werden lassen. Anschließend die Blätterstapel mit der Kuvertüre überziehen. Dabei die Kuvertüre etwas abblasen, damit die Schicht nicht zu dick wird. Die Stapel dann auf einen Bogen Backpapier stellen und solange die Kuvertüre noch nicht fest geworden ist, einen Marzipanring darüberlegen. Reste der Kuvertüre auf einen Bogen Backpapier streichen, mit einem Kamm Wellenmuster formen und aus der noch weichen Kuvertüre dann sechs Kreise

(Ø 5 cm) ausstechen.
Die Konfitüre bei Bedarf glatt rühren oder durchmixen und den Marzipanring an der Oberfläche dünn damit bestreichen. Das Törtchen dann mit diesem Marzipanring in die Mandelkerne drücken und genügend Druck ausüben, damit die Mandeln auch haften bleiben. Dann die Mitte des Törtchens mit der Konfitüre füllen und eine Schokoladenplatte auflegen, gut andrücken und die Törtchen servieren.

FÜR CA. 8 RIEGEL ZUBEREITUNGSZEIT ca. 1 h RUHEZEIT mehrere h

100 g frische Ananasstücke	20 g Maracujapüree	110 g Zucker	2 g Agar-Agar
140 g Marzipanrohmasse	160 g Nougat gemahlen	55 g Waffelbrösel	15 g gehackte, dunkle Kuvertüre (60–70 % Kakaogehalt)
300 g temperierte dunkle Kuvertüre (60–70 % Kakaogehalt)			

FÜR DIE ANANASGELEESCHICHT die Ananas mit dem Maracujapüree vermischen und durchmixen. Das Püree mit dem Zucker und dem Agar-Agar gut verrühren, in einem kleinen Topf aufkochen und 1 Minute unter Rühren köcheln lassen. Das Püree in die Silikonriegelformen so verteilen, dass das Gelee eine Höhe von ca. 8 mm hat.

FÜR DIE MARZIPANSCHICHT die Rohmasse leicht durchkneten, ca. 5 mm dick ausrollen und etwas kleiner als die Riegelform ausstechen. Die ausgestochenen Stücke in das noch nicht ganz fest gewordene Ananasgelee drücken und dann bei Raumtemperatur vollständig erkalten und fest werden lassen.

FÜR DIE KNUSPERNOUGATSCHICHT den Nougat in einer Schüssel über einem Wasserbad schmelzen, mit 25 g Waffelbröseln sowie der gehackten Kuvertüre vermischen und unter Rühren auf ca. 30 °C temperieren. Die Schicht auf das erkaltete Gelee gießen, die Form etwas aufklopfen und im Kühlschrank fest werden lassen oder bei Raumtemperatur über Nacht aushärten lassen. Für den Überzug die temperierte Kuvertüre mit den restlichen Waffelbröseln (30 g) mischen und in eine Schale, deren Abmessungen denen der Riegel entsprechen, füllen. Mit einer Pralinengabel die Riegel nacheinander überziehen und auf Backpapier ablegen.

Die fertigen Riegel gut verpackt bei Raumtemperatur lagern. Da keine Feuchtigkeit bzw. genügend Zucker enthalten ist, können sie ohne Probleme mehrere Monate gelagert werden. Trotzdem gilt auch hier: Je frischer desto besser.

Wiesbadener Riegel

TIPP

Im Prinzip sollte man bei Nougat genauso vorgehen wie beim Vorkristallisieren von Kuvertüre (siehe Tipp Seite 27), da die enthaltene Kakaobutter die Festigkeit geben soll. Da aber das Fett der Nüsse die Fettstruktur verändert, muss nicht ganz so akribisch gearbeitet werden.

BERLINER

Matthias Ludwigs

„In meiner Ausbildung hat der Meister immer gesagt, dass die schönsten Berliner am Bauch geformt werden. Ob das so stimmt, weiß ich aber nicht."

„Für den sogenannten Kragen braucht man ein bisschen Übung. Wenn der Teig zu schwer ist, liegt er zu tief im Fett. Wenn er gut aufgegangen ist, ist er schön leicht. Wenn's nicht auf Anhieb funktioniert – egal. Berliner sind trotzdem lecker, wenn sie frisch sind."

Berliner Pfannkuchen gibt es seit dem 19. Jahrhundert. Während im Laufe der Zeit außerhalb der Metropole ein Berliner draus wurde, wird er in der Hauptstadt nach wie vor als Pfannkuchen verkauft. (Das, was man im Rest der Republik als „Pfannkuchen" bezeichnen würde, nennt man in Berlin „Eierkuchen".) Ein Blick in die Lehrbücher zeigt, dass sich in den vergangenen Jahrzehnten nicht allzu viel geändert hat.

Die Berliner, die man heute in den Bäckereien oder Konditoreien bekommt, unterscheiden sich kaum von denen der Nachkriegsjahre. Gemeinsam haben sie ihre Hauptsaison rund um den Jahreswechsel bzw. im Karneval. Ursprünglich wurden sie in Schmalz gebacken, das vor den Fastenzeiten aufgebraucht werden musste. Der Berliner ist ein leider oft verhunzter Klassiker, der sich leider weniger durch gute Qualität als durch eine Füllung mit einfallsloser Aprikosen- oder Vierfruchtkonfitüre auszeichnet. Daneben gibt es eine Vielzahl von Creme- und Puddingfüllungen.

Für den konventionellen Berliner haben wir den frittierten Hefeteig mit Hagebuttenmarmelade gefüllt, wie es im Südwesten Deutschlands üblich ist. Die Neuschöpfung haben wir ein wenig kleiner gemacht, mit Cointreau-Marzipan gefüllt, mit Orangenfondant überzogen und mit Mandeln bestreut.

Klassische Berliner

FÜR CA. 15 STÜCK *ZUBEREITUNGSZEIT* *ca. 1 h* *RUHEZEIT* *mind. 11 h*

500 g **Weizenmehl Type 405** plus etwas mehr für die Teigbearbeitung	42 g **kalte Hefe** (1 Würfel)	210 g **kalte Vollmilch**	8 g **Salz**
160 g **Zucker**	1 **kaltes Ei**	30 g **kalte Butter**	1,5 kg **neutrales Pflanzenöl oder Butterschmalz** plus etwas mehr zum Einölen
300 g **Hagebuttenkonfitüre**	**Puderzucker** (optional)		

FÜR DEN HEFETEIG das Mehl in die Rührschüssel einer Küchenmaschine sieben und die Hefe, die Milch, das Salz, 60 g Zucker, das Ei und die Butter zugeben. Alles zu einem glatten, elastischen Teig kneten. Den Hefeteig in eine leicht geölte Hefeteigschüssel geben und abgedeckt mindestens 8 Stunden im Kühlschrank gehen lassen. Anschließend den Teig herausnehmen, auf einer bemehlten Arbeitsfläche gut durchkneten und in der Hefeteigschüssel an einem warmen, zugfreien Ort erneut 2 Stunden gehen lassen. Dann den Teig erneut gut durchkneten, zu einer Rolle formen und in 15 Portionen à ca. 60 g teilen. Die Teiglinge einzeln zu runden Ballen formen und mit ausreichend Abstand zueinander auf ein leicht geöltes Backblech legen. Das Backblech mit einem Küchentuch abdecken und die Teiglinge ca. 1 Stunde an einem warmen, zugfreien Ort gehen lassen.

Das Fett in einem Topf oder einer Fritteuse auf ca. 170 °C erhitzen. Falls kein Thermometer vorhanden ist, einfach den Stiel eines Holzlöffels ins Fett tunken. Bilden sich direkt Bläschen daran, ist das Fett auf jeden Fall heiß genug und die Hitze kann schon reduziert werden. Anschließend einen Teigling als Test vorsichtig vom Blech nehmen und mit der Unterseite nach oben ins heiße Fett legen. Einen Deckel auflegen und 1,5 Minuten frittieren. Dann den Deckel abnehmen, den Ballen umdrehen und weitere 2 Minuten mit Deckel backen. Den Deckel erneut abnehmen, den Ballen ein letztes Mal umdrehen und für ca. 15 Sekunden so ins Fett herunterdrücken, dass sich der entstandene Kragen im Fett befindet. Mit einer Schaumkelle entnehmen und auf Backpapier setzen. Nach Wunsch direkt im Anschluss mit Ober- und Unterseite in den restlichen Zucker (100 g) drücken. Auf diese Weise alle Teiglinge ausbacken, je nach Topfgröße drei bis fünf pro Durchgang zusammen.

Wenn alle Berliner ausgebacken sind, die Konfitüre glatt rühren, in einen Spritzbeutel mit spitzer Lochtülle füllen und die Berliner möglichst mittig mit der gewünschten Menge füllen. Nach Wunsch mit Puderzucker bestauben und möglichst frisch servieren.

FÜR CA. 15 STÜCK	ZUBEREITUNGSZEIT ca. 1 h		RUHEZEIT mind. 11 h
1 **Rezept Hefeteig** (siehe Rezept »Klassische Berliner« Seite 51)	150 g **Marzipanrohmasse**	Abrieb **von 2 unbehandelten Orangen**	15 g **Orangenlikör** oder andere Spirituose plus ggf. etwas mehr für den Fondant
Puderzucker	200 g **Glasurfondant**	75 g **Mandelstifte** geröstet	

Manche Rezepturen lassen sich zwar modernisieren, sinnvoll ist es aber nicht immer. Der Berliner ist ein gutes Beispiel dafür. Wer schon einmal einen frisch hergestellten Berliner gemacht oder gegessen hat, weiß, wovon ich rede. Wie bei vielen klassischen Produkten hat sich die angebotene Qualität nach und nach verändert, eine Rückbesinnung auf das klassische Handwerk macht daher oft einen deutlichen Unterschied.

Das Marzipan mit dem Abrieb von einer Orange und dem Orangenlikör verkneten. Es sollte eine nicht zu weiche Masse entstehen. Sollte sie nicht formbar bzw. stabil sein, so viel Puderzucker zugeben, bis sie fest genug ist. Anschließend das Marzipan zu einer Rolle formen und in 15 Portionen schneiden.

Den Hefeteig wie bei »Klassischer Berliner« beschrieben herstellen und gehen lassen. Nach der Teilung in 15 Portionen allerdings keine Kugeln formen, sondern ovale Teiglinge. Diese dann nacheinander mit einem Rollholz zu kleinen Fladen ausrollen, dabei nach Möglichkeit kein weiteres Mehl verwenden, damit die Oberfläche nicht zu trocken wird. In die Mitte jeweils ein Stück Marzipan legen, die Ränder mit einem feuchten Pinsel ganz leicht befeuchten und den Teig über der Füllung gut zusammendrücken. Dabei sollte direkt eine länglich-ovale Form entstehen. Dabei darauf achten, dass der Teig wirklich gut zusammengedrückt ist, da er sonst beim Ausbacken aufgeht. Die Orangen-Mandel-Berliner wie bei den klassischen Berlinern beschrieben frittieren, anschließend mit einer Schaumkelle entnehmen und auf Backpapier setzen.

Den Fondant über einem Wasserbad auf ca. 35 °C erwärmen und den restlichen Orangenabrieb unterrühren. Sollte der Fondant zu fest sein, nach und nach mit etwas Cointreau, Orangensaft oder Wasser verdünnen, bis er die gewünschte Konsistenz hat. Die Berliner mit der schöneren Seite in den Fondant legen, leicht hineindrücken und nach oben herausheben, dabei zwei- bis dreimal die Oberfläche des Berliners leicht auf die Oberfläche »titschen«. Dadurch wird die Fondantschicht etwas dünner. Dann mit der Fondantschicht nach oben auf das Backpapier zurücksetzen und direkt die Mandelstifte aufstreuen. Möglichst frisch servieren.

Orangen-Mandel-Berliner

Matthias Ludwigs

„Beim Bienenstich nehme ich immer das Oberteil ab und esse es parallel – die Creme mit der Gabel, das Oberteil wie eine Stulle. Die klassische gekochte Creme hat allerdings eine andere Festigkeit und lässt sich besser essen als Varianten mit einfachem Pudding."

BIENEN STICH

Woher die Bezeichnung für den ebenso geliebten wie schwer essbaren Kuchen stammt, ist nicht mehr vollständig nachzuvollziehen. Der „Stich" hat vermutlich nichts mit den Bienen zu tun, sondern bezieht sich auf eine gestockte Masse (daher auch „Eierstich"). Die Insekten kommen vielleicht über den in der Mandelmasse verwendeten Honig ins Spiel.

Für das Original haben wir eine Konditorei tief im Westen besucht, es gab und gibt aber durchaus auch Bienenstich im Osten. Im Standardbackbuch der DDR aus dem Verlag der Frau in Leipzig von 1989 finden sich noch Hinweise auf die mitunter schwierige Beschaffung einzelner Lebensmittel. Die Zutatenliste besteht unter anderem aus Kunsthonig, Mandeln, Nüssen und/oder Kokosnüssen – je nachdem, was gerade erhältlich ist. Kunsthonig dürfte inzwischen auch im Osten schwer zu bekommen sein, geblieben ist allerdings die Vorliebe für eine Variante ohne Füllung.

Für die Neufassung (mit Creme) haben wir uns für ein Törtchen entschieden, sind ansonsten aber bei der klassischen Zubereitung geblieben. Lediglich die klassische Vanille haben wir durch die frischen, grasigen Noten der Tonkabohne ersetzt.

Bienenstichtorte

FÜR 1 TORTE (Ø 24 CM)		*ZUBEREITUNGSZEIT* ca. 1 h	*RUHEZEIT* ca. 1,5 h
375 g **Weizenmehl Type 405** plus etwas mehr zur Teigbearbeitung	640 ml **Vollmilch**	14 g **Hefe**	150 g **Zucker**
105 g **Butter** plus etwas mehr für das Backblech	1 Prise **Salz**	2 **Eier**	2 TL **Vanilleextrakt**
65 g **flüssiger Honig**	150 g **Mandelkerne** gehobelt	1 **Eigelb**	35 g **Stärkemehl**
½ **Vanilleschote**			

Das Mehl in eine Rührschüssel sieben und eine Mulde eindrücken. 100 ml Milch auf etwa 35 °C erwärmen und die Hefe darin auflösen. 3 EL Mehl und 1 TL Zucker unterrühren. Dann den Vorteig vorsichtig in die Mehlmulde gießen und mit etwas Mehl bestauben. Den Vorteig abgedeckt etwa 10 Minuten an einem warmen, zugfreien Ort gehen lassen. 40 g Butter in einer Schale über einem Wasserbad schmelzen, zusammen mit 30 g Zucker, dem Salz, einem Ei und dem Vanilleextrakt zum Vorteig geben und mithilfe der Knethaken der Küchenmaschine zu einem geschmeidigen Hefeteig verkneten. Den Hefeteig zu einer Kugel formen und abgedeckt etwa 60 Minuten an einem warmen, zugfreien Ort gehen lassen, bis sich das Volumen etwa verdoppelt hat.

FÜR DAS MANDELTOPPING die restliche Butter (65 g), 65 g Zucker, den Honig und 40 ml Milch in einem Topf aufkochen und 4–5 Minuten unter gelegentlichem Umrühren köcheln lassen. Dann die Mandelblätter unterrühren und das Mandeltopping abkühlen lassen.

Den Hefeteig auf einer bemehlten Arbeitsplatte rechteckig (ca. 35 × 40 cm) ausrollen. Die Teigplatte in eine mit Backpapier ausgekleidete Springform legen und mit den Fingerspitzen den Teig noch etwas an den Rand drücken.

Den Hefeteig erneut abgedeckt etwa 30 Minuten an einem warmen, zugfreien Ort gehen lassen. Dann das Mandeltopping gleichmäßig auf dem Hefeteig verteilen und den Kuchen im auf 190 °C vorgeheizten Backofen (Umluft) etwa 30–35 Minuten goldbraun backen. Den Kuchen anschließend komplett auskühlen lassen.

FÜR DIE VANILLECREME das restliche Ei sorgfältig trennen und das Eiweiß kühl stellen. Die beiden Eigelb, das Stärkemehl und den restlichen Zucker (50 g) mit 50 ml Milch glatt rühren. Die Vanilleschote mit einem spitzen Messer längs aufschlitzen und das Mark auskratzen. Die restliche Milch (450 ml) mit dem Vanillemark und der ausgekratzten Vanilleschote erhitzen und das glatt gerührte Stärkemehl unterrühren. Die Vanillecreme unter Rühren einmal aufkochen lassen, dann vom Herd ziehen und die ausgekratzte Vanilleschote entfernen. Das gekühlte Eiweiß sehr steif schlagen und unter die heiße Creme ziehen. Den Kuchenboden aus der Form lösen, einmal quer durchschneiden und den Deckel mit dem Mandeltopping beiseitelegen. Den Boden in die Backform legen und die Vanillecreme gleichmäßig darauf verteilen, dann den Deckel mit dem Mandeltopping nach oben darauflegen und leicht festdrücken. Anschließend den Bienenstich kühl stellen.

FÜR CA. 12 STÜCK (À Ø 6 CM)	*ZUBEREITUNGSZEIT ca. 2 h*		*RUHEZEIT ca. 8 h*
1 Rezept Hefeteig (siehe Rezept »Klassische Berliner« Seite 51)	150 g Marzipanrohmasse	Abrieb von 2 unbehandelten Orangen	15 g Orangenlikör oder andere Spirituose plus ggf. etwas mehr für den Fondant
Puderzucker	200 g Glasurfondant	75 g Mandelstifte geröstet	

FÜR DEN HEFETEIG das Mehl in die Rührschüssel einer Küchenmaschine sieben. Ein Ei trennen, das Eigelb zum Mehl geben, das Eiweiß beiseitestellen. Dann die Hefe, 100 ml kalte Milch, das Salz, 40 g Zucker und 40 g Butter zum Mehl geben. Alles zu einem glatten, elastischen Teig kneten. Den Hefeteig in eine leicht geölte Hefeteigschüssel geben und abgedeckt mindestens 8 Stunden im Kühlschrank gehen lassen. Kalt gegangene Hefeteige haben eine bessere Konsistenz und lassen sich leichter verarbeiten als nach einer kürzeren, warmen Gehzeit.

FÜR DIE FLORENTINERMASSE 70 g Zucker, die Glukose, den Honig, 20 g Butter und die Sahne in einen Topf geben und auf 106 °C erhitzen (Temperaturkontrolle mit einem Küchenthermometer, zum »schwachen Faden« kochen). Sollte kein Thermometer vorhanden sein, einmal aufkochen und 1 Minute köcheln lassen. Das Ziel ist, dass die Konsistenz dicker wird und der Teig dadurch beim Backen nicht so stark auseinanderläuft. Dann die Mandeln untermischen.

FÜR VARIANTE 1 wird der Florentinerteig zwischen zwei Lagen Backpapier verteilt und dünn ausgerollt. Anschließend die Teigplatte im auf ca. 160 °C vorgeheizten Backofen (Umluft) ca. 15 Minuten backen, herausnehmen und auf die passende Größe der für den Hefeteig verwendeten Backringe ausstechen.

FÜR VARIANTE 2 lässt man den Florentinerteig abkühlen und streicht ihn dann direkt auf den noch nicht gegangenen Hefeteig. Nach der Gehzeit den Teig herausnehmen, auf einer bemehlten Arbeitsfläche gut durchkneten und zu einem Rechteck (25 × 35 cm) ausrollen. Daraus Kreise (Ø 6 cm) ausstechen und in passende, gefettete Backringe legen. Jetzt entweder ohne Florentinermasse (Variante 1) oder die Florentinermasse aufstreichen und zusammen gehen lassen (Variante 2). Die Gehtemperatur und -zeit hängen dabei zusammen, je wärmer, desto kürzer, wobei die Temperatur generell nicht über 35 °C liegen soll. Die Bienenstichtörtchen dann im auf 190 °C vorgeheizten Backofen (Umluft) ca. 12–14 Minuten backen. Anschließend auskühlen lassen. Vor dem Füllen die Böden ein- (Variante 1) bzw. zweimal (Variante 2) durchschneiden und den Boden wieder in den Backring legen.

FÜR DIE BIENENSTICHCREME die restliche Milch (250 ml), die Tonkabohne sowie die restliche Butter (10 g) aufkochen und abgedeckt 10 Minuten ziehen lassen. Das restliche Ei trennen und das Eiweiß zum beiseitegestellten Eiweiß geben. Das Eigelb mit dem Stärkemehl gut verrühren und nach und nach die heiße Tonkabohnen-Milch untermischen. Dann die Mischung durch ein Sieb zurück in den Topf gießen. Die beiden Eiweiß mit dem restlichen Zucker (40 g) in der Rührschüssel der Küchenmaschine auf mittlerer Stufe anfangen zu schlagen. Sie sollten ungefähr zur gleichen Zeit mit cremigen Spitzen steif geschlagen sein, wie die Creme zum Kochen benötigt. Den Topf mit der Tonkabohnen-Creme zurück auf den Herd stellen, unter ständigem (!) Rühren aufkochen und 1 Minute unter Rühren köcheln lassen. Sobald die Creme fertig ist, den Topf vom Herd ziehen und noch 15 Sekunden weiterrühren. Anschließend etwa ein Drittel des Eischnees mit einem Schneebesen kräftig unterrühren. Den restlichen Eischnee vorsichtig unterheben. Dann die Creme erneut auf den Herd stellen und unter Rühren erneut erhitzen. Je länger dabei erhitzt und gerührt wird, desto kompakter und fester wird die Creme. Für den Bienenstich ist eine festere Konsistenz von Vorteil, für ein Dessert kann beispielsweise nur noch sanft erhitzt werden. Die Bienenstichcreme dann sofort auf die vorbereiteten Böden streichen oder in einen Spritzbeutel abgefüllt daraufspritzen. Dann den zweiten Boden auflegen und erneut Bienenstichcreme darauf verteilen. Dann eine weitere Cremeschicht verteilen und entweder den dritten Boden (Variante 2) oder die vorbereiteten Florentinerkreise (Variante 1) auflegen.

Bienenstichtörtchen

TIPPS

Die Bezeichnung »schwacher Faden« als Kochprobe beim Kochen von Zucker stammt aus der Zeit, als es noch keine Thermometer zur Temperaturkontrolle gab. Es wurde damals etwas Zuckersirup mit angefeuchtetem Daumen und Zeigefinger vom Kochlöffel abgenommen. Durch schnelles Öffnen und Schließen der Finger bildete sich dann ein dünner Zuckerfaden zwischen diesen.

Für ein »knackigeres« Ergebnis statt der gehobelten Mandeln z. B. Mandelstifte verwenden. Da das gleiche Gewicht an Mandelstiften weniger Oberfläche als bei gehobelten hat, müssen davon nur etwas mehr zugegeben werden, um die gleiche Konsistenz zu erreichen.

Teigreste können entweder wieder zusammengeknetet und erneut ausgerollt werden oder zu kleinen Brötchen geformt einfach mitbacken werden. Überschüssige Florentinermasse einfach daneben auf das Backblech geben und mitbacken. Die Stücke können z. B. als Dekoration verwendet werden.

Die Bienenstichcreme kann sehr schnell zusammenfallen bzw. nicht unbedingt die gewünschte Konsistenz erreichen. Für ein besseres Ergebnis sollte man die Zutatenmengen verdoppeln und die überschüssige Creme einfach als Dessert in kleine Schälchen füllen.

BIENENSTICH

KONDITOREI SCHLECHTRIMEN KÖLN

BIENENSTICH

Woher die Bezeichnung für den ebenso geliebten wie schwer essbaren Kuchen stammt, ist nicht mehr vollständig nachzuvollziehen. Der „Stich" hat vermutlich nichts mit den Bienen zu tun, sondern bezieht sich auf eine gestockte Masse (daher auch „Eierstich"). Die Insekten kommen vielleicht über den in der Mandelmasse verwendeten Honig ins Spiel. Für das Original haben wir eine Konditorei tief im Westen besucht, es gab und gibt aber durchaus auch Bienenstich im Osten. Im Standardbackbuch der DDR aus dem Verlag der Frau in Leipzig von 1989 finden sich noch Hinweise auf die mitunter schwierige Beschaffung einzelner Lebensmittel. Die Zutatenliste besteht unter anderem aus Kunsthonig, Mandeln, Nüssen und/oder Kokosnüssen – je nachdem, was gerade erhältlich ist. Kunsthonig dürfte inzwischen auch im Osten schwer zu bekommen sein, geblieben ist allerdings die Vorliebe für eine Variante ohne Füllung.

KONDITOREI SCHLECHTRIMEN

Die Bäckerei und Konditorei wurde 1933 im rechtsrheinischen Kalk gegründet und war zum Zeitpunkt unseres Besuchs ein Traditionsbetrieb in dritter Generation. Im Oktober 2022 sah sich Engelbert Schlechtrimen gezwungen, die Pforten zu schließen, zu unerbittlich war der wirtschaftliche Druck durch die steigenden Preise für Rohstoffe und Energie, zu groß die Konkurrenz durch das Angebot der umliegenden Supermärkte und Discounter, zu schwerwiegend die Zurückhaltung der Kundschaft in den heißen Sommern. Nach fast 90 Jahren ging damit nicht nur ein Stück Kölner Handwerksgeschichte zu Ende, sondern verlor das Veedel darüber hinaus eine gesellschaftliche Institution.

REPORTAGE

Zur Vorbesprechung treffen wir uns mit Engelbert Schlechtrimen im eigenen Laden an der Kalker Hauptstraße. „Wir sind eine Vorstadtbäckerei", sagt er bescheiden, „aber mit Produkten wie Käsekuchen, Schwarzwälder Kirsch und eben auch Bienenstich sind wir schon so etwas wie Lebensbegleiter für die Menschen hier." Wir sitzen bei einer Tasse Kaffee im angeschlossenen hauseigenen Café, an runden Tischen und auf alten, mit Kunstleder bezogenen Stühlen. Man kann in der Einrichtung die verschiedenen Epochen wiedererkennen. „In der klassischen Version vom Bienenstich", erklärt er, „wird geschlagenes Eiweiß in sehr heiße Krem eingerührt und stockt dann." Das sei aber nicht ohne Risiko, wegen der Eier, die unter Umständen nicht vollständig erhitzt werden. „Eigefahr" nenne man das in der Fachsprache. Dass er „der Krem" und nicht etwa „die Creme" sagt, ist ein weiteres Indiz dafür, dass

TÖRTCHEN
TÖRTCHEN

wir es bei dem sportlichen Endfünfziger mit einem Fachmann zu tun haben, auch wenn er selbst nur noch im Notfall am Ofen steht. Meistens ist er im kleinen Büro zwischen Backstube und Verkaufsraum zu finden. „Wir machen hier eine Bienenstichversion mit Sahne und selbst gekochtem Karamell", sagt er, „die schmeckt schön vollmundig."

Uns wird wieder einmal bewusst, wie stramm die Abläufe im Lebensmittelhandwerk getaktet sind, als wir uns über unsere Kalender beugen, um einen Termin für unseren Besuch zu finden. „Wir verschieben die Produktion", sagt der Chef, „das ist überhaupt kein Problem. Der Hefeteig wird schon so gegen drei, vier Uhr gebacken. Aber wir legen dann einen zurück, den wir dann später abbacken." Das einzige Hindernis ist noch der gemeinsame Namenstag von Vater und Sohn Schlechtrimen, aber auch das bekommen wir in der Planung letztendlich hin. „Dann sagen wir doch am späten Vormittag", beschließt Engelbert II. „Was heißt das denn bei einem Bäcker?", fragen wir vorsichtig. „Sieben Uhr dreißig", sagt er und lacht, „aber im Ernst, kommt doch so gegen zehn."

Das Team ist bereits in der Backstube versammelt und hat sich unseren Facebook-Post vom Vortag schon zusammen angeschaut. „Wir werden viele Fotos machen", sagt Matthias Ludwigs, „gestern waren das 900 Stück." „700", korrigiert die Fotografin und lacht, „wir wollen ja niemandem Angst einjagen." Engelbert Schlechtrimen stellt seine Mitarbeiter*innen vor. Da ist Sara, die Auszubildende, und Romualda, genannt Roma, die hier eine Umschulung macht. Es gibt Raphael mit „ph", der jetzt schon zehn Jahre hier ist und seit Oktober nebenher Soziale Arbeit studiert. Wir begrüßen Christoph, den Meister, der erst seit einem Monat im Team ist und vorher in Troisdorf gearbeitet hat. Und dann ist da noch Schülerin Cosina, die seit Montag für drei Wochen ein Praktikum hier macht und noch nicht ganz darüber hinweg zu sein scheint, dass sie bereits seit fünf Uhr dreißig hier ist.

„Um zwei Uhr dreißig kommen der erste Konditor und der Bäcker", erklärt Engelbert, „eine Stunde später der zweite Konditor. Um fünf Uhr dreißig geht es eigentlich schon in die Verteilung an die Filialen." Den Teig hat das Team an diesem Morgen um halb sechs von den Bäckern bekommen. „Um sieben Uhr haben wir den fertig gemacht", sagt Raphael, „und dann gehen lassen." Die lange Teigführung ist ein Alleinstellungsmerkmal des Unternehmens. „Hier ist ein Croissant", sagt der Chef nicht ohne Stolz, „wenn ihr mal probieren wollt." Das Geheimnis sei Butter, erklärt er, und eben Zeit. Der Teig werde

insgesamt 48 Stunden geführt. In dieser Kombination sei das heutzutage nicht mehr so oft zu finden.

Beides sind auch die wichtigsten Zutaten für den Bienenstichboden: Butter und Ruhezeit, das Wasser aus dem Krem würde sonst in den Boden gehen. Der Bienenstich ist hier, wie in fast jeder Bäckerei oder Konditorei, ein Klassiker. Bei Schlechtrimen wird er einmal in der Woche hergestellt, dann aber meist gleich 16 Stück auf einmal.

„Sagt ihr bitte laut eure Arbeitsschritte an?", ruft Engelbert Schlechtrimen in die Runde.

Raphael kümmert sich um den Karamell, Sara lässt schon mal die Sahne laufen, Roma rührt den Krem zusammen und Christoph wird die aufgeschnittenen Kuchen füllen.

Der angehende Sozialarbeiter schneidet beherzt die gebackenen Böden durch. Der Deckel wird jetzt schon gleichmäßig in Tortenstücke zerteilt. Der Konditor benutzt dabei nicht etwa eine Schablone, sondern sein Augenmaß.

Auf dem Tisch steht ein weißer Eimer. „Echter Bienenhonig – ein Geschenk der Natur" steht darauf zu lesen. Aus Honig, Butter, Zucker und Sahne wird in einer Kasserolle ein Karamell gekocht, der dann auf die bereits mit Mandeln be-

streuten Teigdeckel verteilt wird. „Viele Kollegen würden jetzt an dieser Stelle ein fertiges Knusperpulver aufstreuen und fertig", erklärt Engelbert Schlechtrimen, „aber das Ergebnis ist nicht das Gleiche." „Wenn alle das machen", sagt Matthias Ludwigs, „dann irgendwie leider schon." Sein Kollege nickt. „Das schmeckt dann durch den Karamell, aber mit Biene hat das dann nichts zu tun. Das eine ist halt Geldverdienen, das andere ist Leidenschaft."

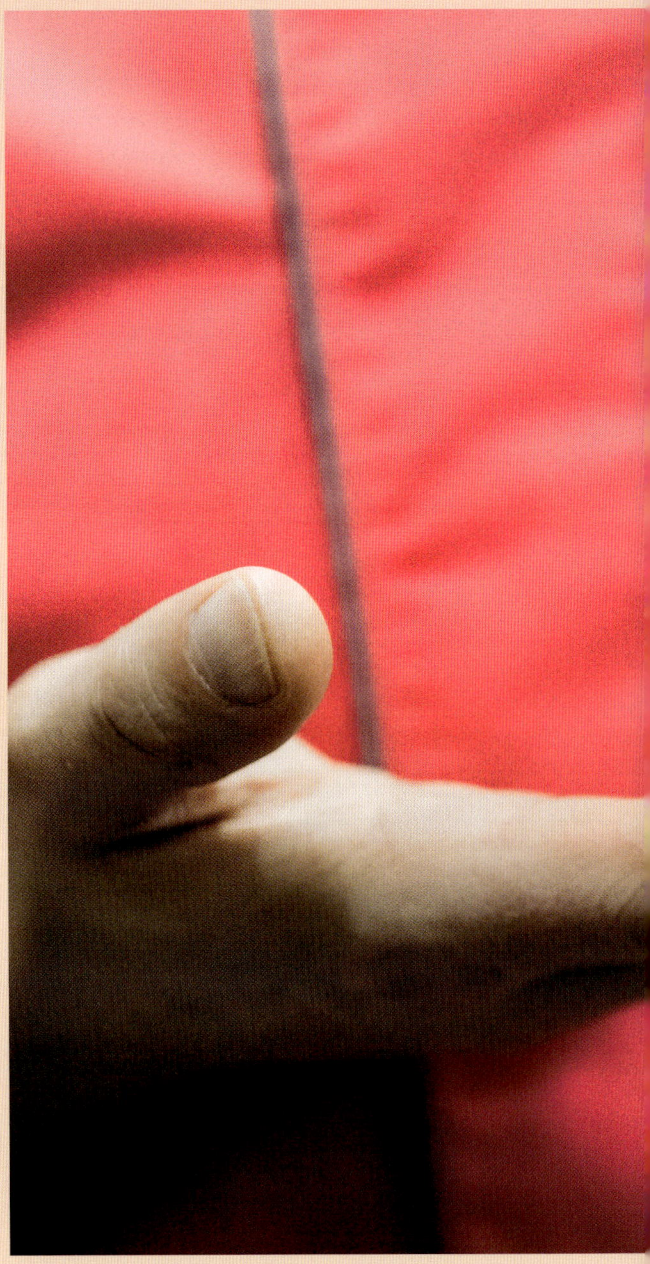

„Der Vanillekrem steht gleich auch", vermeldet Christoph. „Butter, Zucker, Vanille, Eigelb und eben Sahne", erläutert Roma. Die Mischung befindet sich in einer alten Kupferschüssel, die unten wunderschön verbeult ist. „Wegen der Gelatine muss man immer wieder die Temperatur angleichen, damit es keine Klümpchen gibt." Christoph füllt Krem ein, Raphael geht mit dem Palettmesser hinterher und streicht glatt. Ganz behutsam werden die Deckel aufgelegt. „So in Zeitlupe ist super", sagt die Fotografin, „dann kann ich das gut fotografieren." Die fertigen Kuchen werden mit Folie abgedeckt, damit sie nicht austrocknen und Feuchtigkeit ziehen können.

„Ich würde jetzt ein Stück Bienenstich nehmen", sagt Matthias Ludwigs. „Was?", fragt die Fotografin irritiert. „Jetzt schon?" Wir machen noch ein Gruppenfoto und dann geht sie vor ins Café, um das schönste Stück Bienenstich zu fotografieren. „Bekommen wir ein Buch, wenn es fertig ist?", fragt das Team. „Das kann noch ein bisschen dauern", antworten wir, „aber klar bekommt ihr eins!"

DOMINO STEINE

Bei Lebkuchen denken wir automatisch an Winter und Weihnachten. Diese Assoziationen haben vor allem mit der Verwendung von Gewürzen wie Zimt, Nelken und Piment, Kardamom und Koriander zu tun, die in der Vormoderne teuer und dementsprechend für hohe Feiertage reserviert waren.

Denn die Herstellung von Lebkuchen in ganz unterschiedlichen Ausprägungen ist eine alte Tradition, die erstmals im 13. Jahrhundert belegt ist.

Wir haben uns an dieser Stelle nicht für Elisenlebkuchen oder für Printen entschieden – die kauft man besser im Original in Nürnberg oder in Aachen.

Außerdem gibt es klare gesetzliche Vorgaben, was wo und wie bezeichnet werden darf, denn sowohl die Nürnberger Lebkuchen als auch die Aachener Printen sind europaweit mit einer geschützten geografischen Angabe registriert. Den Dominostein hingegen darf man überall herstellen. In den 1930er Jahren in Dresden entwickelt, findet die umfangreichste Produktion der sogenannten Schichtpraline gegenwärtig vor allem in Aachen statt.

Am handelsüblichen Dominostein und seinen Bestandteilen Lebkuchen, Marzipan bzw. Persipan, Fruchtgelee aus Konfitüre und Schokoladenüberzug haben wir nichts geändert. In der innovativen Fassung haben wir hingegen das übliche eher langweilige Gelee durch eine frische Maracujaschicht ersetzt und dem Teig eine prononcierte Sternanisnote gegeben. Außerdem dachten wir uns, dass ein Domino- ruhig auch wie ein echter Spielstein aussehen darf.

Dominosteine

TIPP

Die Ränder bzw. Abschnitte vom Lebkuchenboden einfach in kleine Stücke schneiden und als Lebkuchenstückchen so verzehren oder am Ende mit Resten der Kuvertüre überziehen.

FÜR CA. 64 DOMINOSTEINE — *ZUBEREITUNGSZEIT ca. 1,5 h* — *RUHEZEIT mehrere h*

3 g **Hirschhornsalz**	2 g **Pottasche**	15 g **Wasser**	190 g **flüssiger Honig**
225 g **Weizenmehl Type 405** plus etwas mehr für die Teigbearbeitung	4 g **Anis**	3 g **Lebkuchengewürz**	20 g **Orangeat** fein gehackt
6 g **Agar-Agar** (33–35 % Fettgehalt)	125 g **Zucker**	155 g **Johannisbeerkonfitüre**	260 g **Marzipanrohmasse**
20 g **Puderzucker**	400 g **temperierte dunkle Kuvertüre** (60–70 % Kakaogehalt)		

Das Hirschhornsalz und die Pottasche mit jeweils der Hälfte des Wassers in getrennten Schalen auflösen. Den Honig in einer Rührschüssel über einem Wasserbad auf ca. 40 °C anwärmen. Dann das Mehl dazusieben und die Gewürze sowie das Orangeat zugeben. Alles in der Küchenmaschine vermischen. Anschließend erst die Pottasche untermischen, dann das Hirschhornsalz zugeben und alles zu einem homogenen Teig kneten. Bei Bedarf kann teelöffelweise Wasser zugegeben werden, bis ein ausrollfähiger Teig entstanden ist.

Den Teig auf einer bemehlten Arbeitsfläche zu einem Quadrat (25 × 25 cm) ausrollen, auf ein mit Backpapier ausgelegtes Backblech legen und im auf 160 °C vorgeheizten Backofen (Umluft) ca. 20 Minuten backen. Den Lebkuchenboden dann auskühlen lassen. Sollte der Boden etwas trocken sein, kann er über Nacht »angefeuchtet« werden. Dazu ein sauberes Küchentuch mit heißem Wasser durchspülen, sehr gut auswringen und auf ein Blech legen. Den Lebkuchenboden darauflegen und mit den überstehenden Tuchrändern einschlagen. Bis zum nächsten Tag stehen lassen.

Anschließend den Lebkuchenboden auf eine Fläche von 20 × 20 cm zuschneiden und in einen passenden Tortenrahmen einlegen. Alternativ kann auch ein Rahmen, z. B. aus Alufolie, darumgelegt werden.

Für die Geleeschicht das Agar-Agar mit dem Zucker vermischen. 140 ml Wasser erhitzen, die Zuckermischung einrühren und einmal aufkochen lassen. Die Konfitüre unterrühren und nochmals aufkochen lassen. Das Gelee direkt auf den Lebkuchenboden gießen. Sollte der Rahmen nicht ganz dicht sein, kann auch erst einmal eine dünne Schicht aufgegossen und sobald diese etwas erkaltet ist, der Rest darübergegeben werden. Die Geleeschicht vollständig auskühlen und gelieren lassen.

FÜR DIE MARZIPANSCHICHT das Marzipan mit dem gesiebten Puderzucker verkneten und auf die Größe des hergestellten Lebkuchenbodens ausrollen. Dann die Marzipanschicht über dem Rollholz aufrollen, auf der Geleeschicht entrollen und leicht andrücken. Den Lebkuchenboden mit Frischhaltefolie einschlagen und am besten über Nacht stehen lassen, dadurch verteilt sich die Feuchtigkeit noch einmal im Lebkuchen und die Schichten halten beim Schneiden besser zusammen.

Den geschichteten Lebkuchenboden entsprechend der Höhe in Würfel schneiden (ca. 2,5 × 2,5 cm). Die temperierte Kuvertüre in eine kleine Schüssel geben und die zimmerwarmen Dominosteine nacheinander mit der Kuvertüre überziehen. Dazu die Würfel mit der Marzipanschicht nach unten in die Kuvertüre legen, dann den Würfel so auf eine Pralinengabel drehen, dass der Lebkuchenboden auf der Gabel liegt, und durch die Kuvertüre ziehen. Anschließend herausheben und zwei- bis dreimal auf die Oberfläche der Kuvertüre »titschen«, dann die Gabel am Rand der Schüssel zwei- bis dreimal aufklopfen und die Gabelzinken über den Schüsselrand abziehen, um die überschüssige Kuvertüre zu entfernen. Den Dominostein dann direkt auf ein Backpapier absetzen. Auf diese Art alle Dominosteine überziehen. Sollte die Kuvertüre währenddessen zu dick werden bzw. zu stark abkühlen, diese zwischendurch vorsichtig nachwärmen, dabei aber beachten, dass sie nicht wärmer als 31 °C werden darf.

2 g Pottasche	1 g Hirschhornsalz	15 g Wasser	120 g Agavendicksaft
140 g Zucker	15 g Farinzucker	135 g Weizenmehl Type 405 plus etwas mehr für die Teigbearbeitung	60 g Mandelkerne gemahlen
30 g Haselnusskerne fein gehackt	30 g Orangeat fein gehackt	15 g Zitronat fein gehackt	2 g Zimt gemahlen
1 g Muskatnuss gerieben	150 g Passionsfruchtpüree	4 g Pektin	3 g Agar-Agar
20 g Glukosesirup	260 g Marzipanrohmasse	20 g Puderzucker	400 g temperierte dunkle Kuvertüre (60–70 % Kakaogehalt)
30 g temperierte weiße Kuvertüre			

Das Hirschhornsalz und die Pottasche mit jeweils der Hälfte des Wassers in getrennten Schalen auflösen. Den Agavendicksaft in einer Rührschüssel zusammen mit 45 g Zucker und dem Farinzucker über einem Wasserbad erwärmen, damit sich der Zucker etwas besser auflöst. Dann auf Raumtemperatur abkühlen lassen und das Mehl dazusieben. Anschließend die Mandeln, die Haselnüsse, das Orangeat, das Zitronat, Zimt und Muskatnuss zugeben und alles in der Küchenmaschine verkneten. Anschließend erst die Pottasche untermischen, dann das Hirschhornsalz zugeben und zu einem homogenen Teig kneten. Gegebenenfalls kann teelöffelweise Wasser zugegeben werden, bis ein ausrollfähiger Teig entstanden ist.

Dann auf einer bemehlten Arbeitsfläche den Teig zu einem Quadrat (25 × 25 cm) ausrollen, auf ein mit Backpapier ausgelegtes Backblech legen und im auf 160 °C vorgeheizten Backofen (Umluft) ca. 25 Minuten backen. Den Lebkuchenboden dann auskühlen lassen. Sollte der Boden etwas trocken sein, kann er über Nacht »angefeuchtet« werden. Dazu ein sauberes Küchentuch mit heißem Wasser durchspülen, sehr gut auswringen und auf ein Blech legen. Den Lebkuchenboden darauflegen und mit dem überstehenden Tuch einschlagen. Bis zum nächsten Tag stehen lassen.

Anschließend den Lebkuchenboden auf eine Fläche von 20 × 20 cm zuschneiden und in einen Tortenrahmen einlegen. Alternativ kann auch ein Rahmen, z. B. aus Alufolie, darumgelegt werden.

Das Passionsfruchtpüree über einem Wasserbad auf ca. 40 °C erwärmen. Dann das Pektin und das Agar-Agar mit dem restlichen Zucker (95 g) vermischen und in das Püree einrühren. Das Ganze unter Rühren aufkochen, den Glukosesirup zugeben und erneut aufkochen. Direkt auf den vorbereiteten Boden gießen und bei Raumtemperatur fest werden lassen.

FÜR DIE MARZIPANSCHICHT das Marzipan mit dem gesiebten Puderzucker verkneten und auf die Größe des hergestellten Lebkuchenbodens ausrollen. Dann die Marzipanschicht über dem Rollholz aufrollen, auf der Geleeschicht entrollen und leicht andrücken. Den Lebkuchenboden mit Frischhaltefolie einschlagen und am besten über Nacht stehen lassen, dadurch verteilt sich die Feuchtigkeit noch einmal im Lebkuchen und die Schichten halten beim Schneiden besser zusammen.

Den geschichteten Lebkuchenboden entsprechend der Höhe in Würfel schneiden (ca. 2,5 × 2,5 cm). Die temperierte Kuvertüre in eine kleine Schüssel geben, die zimmerwarmen Dominosteine nacheinander mit der Kuvertüre überziehen. Dazu die Würfel mit der Marzipanschicht nach unten in die Kuvertüre legen, dann den Würfel so auf eine Pralinengabel drehen, dass der Lebkuchenboden auf der Gabel liegt, und durch die Kuvertüre ziehen. Anschließend herausheben und zwei- bis dreimal auf die Oberfläche der Kuvertüre »titschen«, dann die Gabel am Rand der Schüssel zwei- bis dreimal aufklopfen und die Gabelzinken über den Schüsselrand abziehen, um die überschüssige Kuvertüre zu entfernen. Den Dominostein dann direkt auf ein Backpapier absetzen. Auf diese Art alle Dominosteine überziehen. Sollte die Kuvertüre währenddessen zu dick werden bzw. zu stark abkühlen, diese zwischendurch vorsichtig nachwärmen, dabei aber beachten, dass sie nicht wärmer als 31 °C werden darf.

Sobald die Kuvertüre getrocknet ist, mit der weißen Kuvertüre kleine Tupfer wie bei »echten« Dominosteinen auf der Oberfläche platzieren.

Vegane Dominosteine

TIPPS

Farinzucker, auch »brauner Zucker« genannt, wird durch Mahlen von raffiniertem weißem Zucker gewonnen. Dabei wird ihm eine Lösung von Invertzucker, Melasse, Sirup und/oder Karamell zugefügt. In den Handel kommen in der Regel weißer, gelber, hellbrauner und brauner Farinzucker. Je dunkler er ist, umso mehr Feuchtigkeit hat er und umso leichter kann er verklumpen.

„Eierlikör ist Oma! Seien wir mal ehrlich, damit hat eine ganze Generation von Enkeln ihre erste Erfahrung mit Alkohol gemacht. Wenn er selbst gemacht ist, mag ich ihn ganz gerne. Aber nie einfach so, immer irgendwo dazu.“

EIER LIKÖR TORTE

„Manche französischen Ausdrücke kann man nicht übersetzen, weil den deutschen Wörtern diese Weichheit und Emotionalität fehlt. Es macht Sinn, dass bestimmte Böden eigene Bezeichnungen haben – das Wort ‚Baiserboden' wird einem ‚Dacquoise' einfach nicht gerecht."

Matthias Ludwigs

Eierlikör ist ein gutes Beispiel für das leicht angestaubte Dasein der klassischen Konditoreien. Ein süßes Getränk, das man eher mit älteren Damen in Verbindung bringt, die ihre Hüte beim Kaffeekränzchen aufbehalten, damit die Frisuren unversehrt bleiben.

Der aus dem Niederländischen stammende Ausdruck „Advocaat" bezieht sich aber auf die angebliche Vorliebe von Advokaten, also von Juristen, für den Likör. Der Anwaltsberuf hat allerdings nichts mit der Entstehung des Eierlikörs zu tun. Sie geht vielmehr zurück auf eine Frucht, die sich gegenwärtig vor allem auf Sandwiches und Bowls findet – die Avocado. Diese wurde im 18. Jahrhundert von der indigenen Bevölkerung Brasiliens zur Herstellung eines Getränks genutzt, das sich, ergänzt durch Zucker und Rum, zum Vorläufer des Eierlikörs entwickelte und über Antwerpen nach Europa kam.

Die klassische Eierlikörtorte unterscheidet sich von Konditorei zu Konditorei. Hier haben wir uns für einen Kokos-Mandel-Boden mit Schokolade entschieden, darauf Eierlikörsahne und selbstredend Eierlikör. Daraus ist eine innovative Schnitte geworden, bei der wir keinen fertigen Eierlikör verwenden, sondern die einzelnen Zutaten kombiniert haben. Sie bestehen aus einem Schokoboden, einer Bayerisch Creme mit Rum und Kirschwasser, dazwischen eine Dacquoise mit Kokos, garniert mit einem Marshmallow-Ei.

Eierlikörtorte

TIPP

Die Sahnemenge, die für die Dekoration der Torte benötigt wird, kann individuell variieren, da Konditoren erfahrungsgemäß bei diesem Schritt gerne »aus dem Vollen« schöpfen.

FÜR 1 TORTE (Ø 26 CM, HÖHE 6 CM)	ZUBEREITUNGSZEIT ca. 1,5 h	RUHEZEIT mind. 4 h	
4 Eier	65 g weiche Butter	165 g Zucker	265 g Eierlikör
80 g Mandelgrieß	80 g Kokosflocken	80 g gehackte dunkle Kuvertüre (60–70 % Kakaogehalt)	5 Blatt Gelatine
1 kg flüssige Sahne (33–35 % Fettgehalt)	Sahnestandmittel (optional)	12–14 Trüffelhohlkugeln aus dunkler Schokolade	

Die Springform mit Backpapier auslegen. Die Eier trennen. Das Eigelb in eine Schale, das Eiweiß in eine Rührschüssel geben. Die Butter mit 40 g Zucker schaumig rühren, nach und nach einzeln das Eigelb sowie 15 g Eierlikör (1 EL) unterrühren und cremig schlagen. Den Mandelgrieß und die Kokosflocken vermischen. Das Eiweiß mit 85 g Zucker zu cremigem Schnee schlagen, ein Drittel unter die Eigelbmasse ziehen, den restlichen Schnee daraufgeben. Dann den Eischnee unterheben und dabei das Mandel-Kokos-Gemisch zügig zugeben. Den Teig in die Form geben, glatt streichen und im auf 170 °C vorgeheizten Backofen (Umluft) 25–30 Minuten backen. Sollte der Boden zu stark bräunen, kann die Hitze auf 160 °C reduziert werden. Aus dem Ofen nehmen und zur Verwendung auskühlen lassen.

Die Gelatine 5 Minuten in kaltem Wasser einweichen. Anschließend ausdrücken und in einer Schale über einem Wasserbad auflösen. Dann auf Handwärme (Test mit der Innenfläche der Hand oder Küchenthermometer 29 °C) abkühlen lassen und 100 g Eierlikör unterrühren. 650 g Sahne mit 30 g (2 EL) Zucker steif schlagen und davon ein Drittel unter den Eierlikör rühren. Dann den Eierlikör unter die restliche Sahne heben. Die Eierlikörsahne dann auf dem ausgekühlten Kokosboden verteilen und glatt streichen. Das Ganze anschließend mindestens 4 Stunden kalt stellen. Dann die Torte aus der Form lösen. Die restliche Sahne (350 g) mit dem restlichen Zucker (10 g) steif schlagen und nach Wunsch Sahnestandmittel unterrühren. Den Tortenrand mit Sahne überziehen. Die restliche Sahne in einen Spritzbeutel mit Lochtülle füllen und zwölf Rosetten in gleichmäßigen Abständen auf die Oberfläche spritzen. Auf jeder Rosette dann eine Trüffelhohlkugel platzieren und mit Eierlikör befüllen. Den restlichen Eierlikör auf der Oberfläche der Torte verteilen.

FÜR 10–12 PORTIONEN (34 × 14 CM, HÖHE 4 CM)	ZUBEREITUNGSZEIT ca. 2 h	RUHEZEIT mehrere h	
60 g geschmolzene Butter plus etwas mehr für die Silikonformen	40 g gehackte dunkle Kuvertüre (70 % Kakaogehalt)	7 Eier	305 g Zucker
30 g Weizenmehl Type 405	180 g Puderzucker gesiebt	35 g Mandelkerne gemahlen	55 g Kokosflocken
7 Blatt Gelatine	225 g Vollmilch	110 g brauner Rum	75 g Kirschwasser
300 g flüssige Sahne (33–35 % Fettgehalt)	30 g Wasser	10 g flüssiger Honig	Maisstärkemehl für die Silikonformen

Zwei Bleche mit Backpapier auskleiden und mit einem Backrahmen (34 × 14 cm) jeweils den Umriss auf dem Backpapier markieren.

FÜR DEN SCHOKOLADENBODEN die Butter in einer Schale über einem Wasserbad schmelzen lassen. Dann von der Hitze nehmen, die Kuvertüre zugeben und schmelzen lassen. Ein Ei mit 70 g Zucker verrühren, dann das Butter-Kuvertüre-Gemisch zugeben und glatt rühren. Das gesiebte Mehl zügig untermischen, den Teig auf ein Backpapier geben und in der Größe der aufgezeichneten Form verstreichen. Im auf 170 °C vorgeheizten Backofen (Umluft) ca. 12–15 Minuten backen. Dann vollständig auskühlen lassen und den Boden mit dem Backrahmen ausstechen. Eventuelle Reste zu Bröseln klein schneiden.

FÜR DEN KOKOSBODEN die Temperatur des Backofens auf 190 °C erhöhen. 60 g Puderzucker mit den Mandeln und 35 g Kokosflocken vermischen. Zwei Eier trennen. Das Eigelb beiseitestellen. Das Eiweiß mit 20 g Zucker cremig-steif schlagen. Dann das Puderzuckergemisch unterheben, den Teig auf das zweite Backpapier geben und in der Größe der aufgezeichneten Form verstreichen. 15 g Puderzucker auf die Oberfläche sieben und ca. 12–15 Minuten backen. Dann vollständig auskühlen lassen und den Boden mit dem Backrahmen ausstechen. Eventuelle Reste zu Bröseln klein schneiden.

FÜR DIE MOUSSE ein Ei trennen. Das Eigelb zu dem beiseitegestellten Eigelb geben, das Eiweiß beiseitestellen. Viereinhalb Blätter Gelatine 5 Minuten in kaltem Wasser einweichen. Die drei Eigelb mit 105 g Zucker verrühren. Die Milch aufkochen und unter die Eier-Zucker-Masse rühren. Das Ganze zurück in den Topf geben und mit einem Silikonteigschaber bei mittlerer Hitze unter ständigem Rühren (»Abziehen« des Topfbodens) erhitzen und damit andicken. Die Temperatur darf dabei 82 °C (max. 85 °C sind möglich, aber zur Sicherheit besser vorher aufhören) nicht überschreiten, es wird sonst flockig und die feine Bindung geht verloren. Die Creme vom Herd ziehen und unter Rühren in eine Schüssel gießen. Dann die ausgedrückte Gelatine zugeben, auflösen und 50 g Rum sowie 25 g Kirschwasser unterrühren. Anschließend die Creme auf ca. 28 °C abkühlen lassen (auf Eiswasser kalt rühren oder in den Kühlschrank oder Tiefkühler stellen). Danach die Sahne cremig schlagen und ein Drittel der Sahne unter die Creme mischen. Dann den Rest unterheben. Die Mousse auf zwei Portionen aufteilen, in dieeine die Schokoladen-, in die andere die Kokosbodenbrösel mischen. Den Rahmen um den Schokoladenboden stellen, die Mousse mit den Schokoladenbodenbröseln einfüllen und glatt streichen. Dann den Kokosboden auflegen und die Mousse mit den Kokosbodenbröseln darauf verteilen und glatt streichen. Mindestens 4 Stunden kalt stellen.

FÜR DEN EIERLIKÖR zwei Eier trennen. Das Eiweiß wird nicht mehr benötigt und kann anderweitig verwendet werden. Das Eigelb, 1 ganzes Ei und den restlichen Puderzucker (105 g) gut verrühren, den restlichen Rum (60 g) und das restliche Kirschwasser (50 g) unter Rühren zugeben und alles in einen kleinen Topf geben. Wie bei der Eierlikörmousse mit einem Silikonschaber unter Rühren erhitzen, dabei nur so lange erhitzen, bis es etwas andickt. In eine saubere Schüssel füllen, mit Folie bedecken und bis zur Verwendung kalt stellen.

FÜR DIE MARSHMALLOW-EIER die restlichen Gelatineblätter (zweieinhalb) in kaltem Wasser einweichen. Das Wasser, den restlichen Zucker (110 g) und den Honig aufkochen und auf 120 °C (Kontrolle mit einem Küchen-

Eierlikörschnitte

thermometer, »zum starken Flug«) kochen. Das beiseitegestellte Eiweiß mit mittlerer Geschwindigkeit aufschlagen. Wenn der Eischnee gerade steif wird, unter Rühren den heißen Sirup unterschlagen. Die ausgedrückte Gelatine auflösen und ebenfalls zugeben. Anschließend so lange schlagen, bis die Masse wieder Konsistenz annimmt, aber nicht zu fest ist, da sich die Silikonformen für Eierhälften dann schlecht füllen lassen. Die Eierhalbformen dünn einfetten und mit dem Stärkemehl auspudern. Die fertige Masse in einen Spritzbeutel füllen und in die Formen spritzen, glatt streichen und kalt stellen.

Sobald die Masse fest ist, jeweils eine Hälfte aus der Form lösen und direkt auf eine noch in der Form befindliche legen, sie sollten direkt aneinanderkleben. Dann können die ganzen Eier entnommen und in den restlichen Kokosflocken gewälzt werden.

Den Kuchen aus dem Rahmen lösen und mit einem heißen Messer in die gewünschten Portionen schneiden. Die Oberfläche mit dem Eierlikör bedecken und mit einem Marshmallow-Ei dekoriert servieren.

TIPPS

Alternativ zu den Eierformen kann die Marshmallow-Masse auch auf ein gefettetes Backpapier gestrichen werden und nach dem Festwerden in dekorative Formen (z. B. Würfel oder Rauten) geschnitten werden.

FLOCKEN SAHNE

Matthias Ludwigs

„Die französische Tülle – in der Mitte – ist hierzulande nicht ganz so geläufig, sie ist aber eine sinnvolle Anschaffung, weil sich die Masse gleichmäßiger ausdehnen kann.“

Über die Flockensahne lässt sich wenig sagen, weil sich außer unzähligen Rezepten weder in Bibliotheken noch im Internet brauchbare Informationen finden. In den klassischen Lehrbüchern ist sie nicht enthalten und man kann vermuten, dass sie erstmals in den 1960er Jahren auftauchte. Auf jeden Fall ist die Torte heute weitverbreitet und besteht in der klassischen Version aus Brandmassenböden, einer Fruchtkomponente (hier Preiselbeeren) und Vanillesahne. Unsere „Eclairs à la flock" sind handliche Liebesknochen mit Knuspermürbeteig, die aufgeschnitten und mit einer mit weißer Schokolade angereicherten Creme gefüllt und mit Preiselbeeren garniert sind.

Flockensahnetorte

TIPP

Beim Backen von Brandteig führen unterschiedliche Backofeneinstellungen zwar alle zu einem Ergebnis, dieses unterscheidet sich aber je nach gewählter Einstellung. Bei Umluft und starker Hitze am Anfang geht der Teig sehr schön auf, die Oberfläche platzt aber gerne an der einen oderanderen Stelle auf. Ober-/Unterhitze mit starker Hitze am Anfang hat in der Regel eine gleichmäßige Oberfläche zur Folge, aber die Masse geht nicht ganz so stark auf. Brandteig kann auch in den kalten Backofen gestellt und dieser erst dann angestellt werden, das hat zur Folge, dass der Teig erst etwas breit läuft, einen sehr breiten Boden bekommt, dann aber auch sehr schön gleichmäßig aufgeht und im Falle eines Windbeutels eher eine Kuppelform annimmt.

FÜR 1 TORTE (Ø 26 CM, HÖHE 6 CM) *ZUBEREITUNGSZEIT* *ca. 1,5 h* *RUHEZEIT* *mind. 4 h*

80 g **Butter** plus etwas mehr für die Backbleche	120 g **Zucker**	160 g **Weizenmehl Type 405** gesiebt plus etwas mehr für die Backbleche	250 g **Wasser**
2 g **Salz**	5 **Eier**	100 g **Vollmilch**	½ **Vanilleschote**
5 Blatt **Gelatine**	2 **Eigelb**	ca. 5 g **Maisstärkemehl** (eher weniger als mehr)	1000 ml **flüssige Sahne** (33–35 % Fettgehalt)
330 g **Preiselbeerkonfitüre**	1 **gebackener Mürbeteigboden** (siehe Rezept »Schwäbischer Apfelkuchen« Seite 18)	**Puderzucker** (eher weniger als mehr)	

FÜR DIE STREUSEL 20 g Butter, 20 g Zucker und 35 g Mehl verkneten und beiseitestellen.

FÜR DEN BRANDTEIG 250 g Wasser, 60 g Butter sowie das Salz aufkochen. Dann den Topf vom Herd ziehen und das restliche Mehl (125 g) zugeben. Alles zügig mit einem Holzkochlöffel oder einem Silikonspatel vermischen. Dann auf mittlerer Hitze »abbrennen«, bis sich ein weißer Belag am Topfboden bildet und ein Kloß entstanden ist. Den Teigkloß in eine Schüssel umfüllen und die Eier nach und nach mit einem Handrührgerät unterkneten.

Drei Backbleche ganz leicht einfetten, dünn mit Mehl bestauben und mit einem Tortenring (Ø 26 cm) Kreise markieren. Jeweils ein Drittel vom Brandteig in diese Markierungen geben und zu möglichst gleichmäßigen Böden glatt streichen. Auf einem Boden die beiseitegestellten Streusel verteilen. Die Böden können gleichzeitig im auf 180 °C vorgeheizten Backofen (Umluft) ca. 30–40 Minuten gebacken werden. Die Böden dürfen leicht knusprig sein, sollten sie noch weich sein, sollte die Backzeit um 5–10 Minuten verlängert werden. Die Böden dann vom Backblech lösen und auskühlen lassen.

FÜR DIE VANILLECREME die Milch, 60 g Zucker, das ausgekratzte Mark sowie die Vanilleschote aufkochen und 10 Minuten ziehen lassen. Die Vanilleschote dann entfernen. Die Gelatine 5 Minuten in kaltem Wasser einweichen. Das Eigelb mit dem Stärkemehl verrühren, dann die Milch zugeben und alles zurück in den Topf geben. Unter ständigem Rühren bei mittlerer Hitze einmal richtig aufkochen lassen. Dann vom Herd ziehen und die ausgedrückte Gelatine darin auflösen. Die Creme durch ein Sieb in eine mittelgroße Schüssel passieren. Kurz in den Kühlschrank oder in ein kaltes Wasserbad stellen und ab und an durchrühren. Die Temperatur der Creme sollte auf ca. 35 °C reduziert werden. 900 g Sahne mit 30 g Zucker cremig-steif schlagen. Die Vanillecreme gut durchrühren, bis sie wieder geschmeidig glatt ist. Gegebenenfalls kann sie auch noch einmal etwas erwärmt werden. Dann ein Drittel der Sahne unterrühren und den Rest unterheben.

Die Preiselbeerkonfitüre glatt rühren und den Mürbeteigboden mit einem Drittel einstreichen. Mit dem Tortenring die drei Brandteigböden sauber ausstechen. Dann den Tortenring um den Mürbeteigboden stellen. Einen Brandteigboden auf den Mürbeteigboden drücken, mit der Hälfte der restlichen Konfitüre bestreichen, dabei einen schmalen freien Rand stehen lassen. Dann etwa die Hälfte der Vanillecreme darauf verteilen und glatt streichen. Den zweiten Boden auflegen, andrücken und den Rest der Konfitüre darauf verteilen. Die restliche Vanillecreme daraufgeben und glatt streichen. Mindestens 4 Stunden kalt stellen.

Die restliche Sahne mit dem restlichen Zucker (10 g) cremig-steif schlagen. Den Ring von der Torte lösen und abziehen. Dann den Tortenrand mit einem Teil der Sahne überziehen. Die restliche Sahne in einen Spritzbeutel mit Lochtülle füllen. Auf der Oberfläche der Torte mit einem Messer in die gewünschte Anzahl von Stücken (12–14) markieren und den Brandteigboden mit den Streuseln in die gleiche Anzahl schneiden. Auf jedes Tortenstück einen kleinen Tupfen Sahne dressieren und die Stücke des Brandteigbodens schräg daran anlehnen. Vor dem Servieren dünn mit Puderzucker bestauben.

FÜR 10 STÜCK	ZUBEREITUNGSZEIT 1,5 h		RUHEZEIT 12 h
2 Blatt Gelatine	450 g flüssige Sahne (33–35 % Fettgehalt)	½ Vanilleschote	110 g weiße Kuvertüre
150 g Preiselbeeren (TK, alternativ Preiselbeer-konfitüre)	75 g Gelierzucker 2:1	Zucker	97 g Butter plus etwas mehr für das Backblech
125 g Weizenmehl Type 405 plus etwas mehr für das Backblech	Salz	12 g Milchpulver (alternativ 160 g Vollmilch statt Wasser verwenden)	150 g Wasser
65 g Butter	3 Eier		

FÜR DIE VANILLEGANACHE die Gelatine 5 Minuten in kaltem Wasser einweichen. Dann 150 g Sahne mit dem Vanillemark und ausgekratzten -schote aufkochen, vom Herd ziehen und die gehackte Kuvertüre zugeben. Die Vanilleschote herausnehmen und beiseitelegen. Die Kuvertüre glatt rühren und die ausgedrückte Gelatine darin auflösen. Mit einem Stabmixer nach und nach die restliche Sahne (300 g) untermixen. Dann die beiseitegelegte Vanilleschote wieder zugeben, abdecken und, am besten über Nacht, kalt stellen.

FÜR DAS PREISELBEER-RAGOUT die Preiselbeeren auftauen lassen, mit dem Gelierzucker vermischen und aufkochen lassen. Abgedeckt kalt stellen. Diese Variante ist frischer, herber und anders in der Farbe als aus dem Glas.

FÜR DIE MÜRBETEIGAUFLAGE aus 40 g Zucker, 32 g Butter, 40 g Mehl und 1 Prise Salz einen glatten Teig kneten. Diesen zwischen zwei Lagen Backpapier geben und auf ca. 12 × 26 cm ausrollen. Die obere Lage Backpapier abziehen, den Teig in zehn Rechtecke (6 × 2,6 cm) schneiden und kalt stellen.

FÜR DEN BRANDTEIG das restliche Mehl (85 g) mit dem Milchpulver mischen. Dann 150 g Wasser, die restliche Butter (65 g), 1 Prise Zucker sowie 1,5 g Salz aufkochen. Dann den Topf vom Herd ziehen und das Mehlgemisch zugeben. Alles zügig vermischen und auf mittlerer Hitze »abbrennen«, bis ein weißer Belag am Topfboden und ein Teigkloß entstanden sind. Den Teigkloß in eine Schüssel umfüllen und die Eier nach und nach mit einem Handrührgerät unterkneten. Den Brandteig in einen Spritzbeutel abfüllen und mit der gewünschten Tülle so auf ein leicht gefettetes und bemehltes Blech dressieren, dass Teigstränge entstehen, die der Fläche der Mürbeteigrechtecke entsprechen. Es kann auch ein mit Backpapier ausgekleidetes Backblech verwendet werden. Die kalten Mürbeteigstreifen dann vorsichtig auflegen und leicht festdrücken. Die Eclairs im auf 160 °C vorgeheizten Backofen (Umluft) ca. 30–45 Minuten backen. Die Backzeit unterscheidet sich je nach Backofen. Die Eclairs sollten fest und knusprig sein. Dann die Eclairs auskühlen lassen. Sie werden wieder etwas weicher.

Anschließend die Eclairs aufschneiden und dabei jeweils den richtigen Deckel neben das Unterteil legen. Das Preiselbeer-Ragout aufrühren und in ein Sieb geben. Den abtropfenden Saft zum Garnieren auffangen. Die abgetropften Preiselbeeren auf die Unterteile der Eclairs verteilen. Dann die Vanilleganache in der Küchenmaschine oder mit dem Handrührgerät wie feste Schlagsahne aufschlagen und in einen Spritzbeutel mit St.-Honoré-Tülle abfüllen. Die Ganache auf die Preiselbeer-Schicht dressieren. Dann etwas Preiselbeer-Saft aufträufeln und zum Schluss den Deckel auflegen. Vor dem Servieren mit Puderzucker bestauben.

Flocken-Eclairs

TIPPS

Zum Aufdressieren des Brandteigs ergibt eine Lochtülle in der Regel das sauberste Bild, eine französische Tülle lässt eine größere Ausdehnung der Brandmasse zu.
Die gebackenen und ausgekühlten Eclairs lassen sich luftdicht eingepackt sehr gut einfrieren. Nach dem Auftauen und vorm Füllen können sie dann kurz aufgebacken werden.

„In meiner Ausbildung waren Silikonmatten kein Thema, die gab es noch nicht wirklich. Bei der Herstellung von Florentinern werden die Vorzüge aber deutlich. Man kann schneller arbeiten und hat durch die Flexibilität weniger Probleme beim Auslösen."

Matthias Ludwigs

FLOREN TINER

Vermutlich bezieht sich der Name auf die Florentiner Gulden, eine im Spätmittelalter weitverbreitete Goldmünze aus Florenz.

Die Metropole in Oberitalien gilt als Zentrum der Renaissance und war im 15. und 16. Jahrhundert eine der reichsten Städte der westlichen Welt. Insofern ist es nicht verwunderlich, dass ein teures Produkt nach ihr benannt wird. „Dieses feine Gebäck wird meistens zu drei Stück, in Cellophan verpackt, verkauft", heißt es im Lehrbuch aus den Nachkriegsjahren, in denen die Verwendung von Zutaten wie Mandeln, Honig, Butter und Sahne nicht immer selbstverständlich war.

An dieser Liste haben wir zunächst nichts verändert, denn an karamellisierten Mandeln kann man eigentlich nichts verbessern. Die Innovation liegt in diesem Fall in der veganen Zutatenliste mit Kakaobutter und Wasser, die uns zu einem anderen Geschmacksprofil führt, aber durch eine schöne, knusprige Konsistenz überzeugt.

Florentiner

92

TIPP

Das typische Wellenmuster kann auch hergestellt werden, indem die Florentiner nach dem Überziehen mit der zweiten Schicht Schokolade auf eine Relieffolie gelegt werden. Oder die Folie etwas größer als die Florentiner zuschneiden, die Florentiner nach dem Auftragen der zweiten Schokoladenschicht mit der Unterseite nach oben legen, die Relieffolie darauflegen und mit einem Pinsel festdrücken.
Für den bestmöglichen Glanz sollte die Folie so lange wie möglich, am besten über Nacht, aufgelegt bleiben.

FÜR 7 FLORENTINER (À 50 G UND Ø 9 CM) ZUBEREITUNGSZEIT ca. 45 MIN.

100 g **Zucker**	50 g **flüssiger Honig**	40 g **Butter**	60 g **flüssige Sahne** (33–35 % Fettgehalt)
90 g **Mandelkerne** gehobelt	20 g **Mandelkerne oder Mandelstifte** gehackt	7 **Tarteletteformen** (Ø 9 cm)	150 g **temperierte dunkle Kuvertüre** (mind. 55 % Kakaogehalt)

Den Zucker, den Honig, die Butter und die Sahne unter stetigem Rühren auf ca. 110 °C erhitzen (Kontrolle mit einem Küchenthermometer, zum »starken Faden« kochen). Die Mandeln unterrühren und den Teig auf die Formen verteilen. Im auf 165 °C vorgeheizten Backofen (Umluft) ca. 12–16 Minuten backen. Die Florentiner sollten mindestens goldbraun sein. Dann aus dem Ofen nehmen und auskühlen lassen. Bei der Verwendung von Metallformen vor dem völligen Erkalten aus den Formen lösen, bei Silikonmatten können die Florentiner komplett darin auskühlen.

Die Unterseite der Florentiner mit einer dünnen Schicht Kuvertüre bestreichen oder bepinseln und diese fest werden (»anziehen«) lassen. Dann eine weitere dünne Schicht auftragen und mit einem Florentinerkamm ein Wellenmuster erzeugen. Mit der Oberseite nach unten auf ein Backpapier legen und die Kuvertüre vollständig aushärten lassen. Luftdicht verpackt lagern.

12 STÜCK (À 40 G) | ZUBEREITUNGSZEIT ca. 45 min

45 g neutrales Pflanzenöl	35 g Kakaobutter	40 g Wasser	50 g Glukosesirup
150 g Zucker	120 g Mandelblätter	40 g Pistazienkerne grob gehackt	60 g Pistazien geröstet und gesalzen (ohne Schale)
150 g temperierte dunkle Kuvertüre (mind. 55 % Kakaogehalt)			

FÜR DIE FLORENTINER das Öl, die Kakaobutter, das Wasser, den Glukosesirup und den Zucker unter stetigem Rühren auf ca. 110 °C erhitzen (Kontrolle mit einem Küchenthermometer, zum »starken Faden« kochen). Die Mandeln und die Pistazien unterrühren und den Teig auf die runden Silikonformen (Ø 7 cm) verteilen. Im auf 165 °C vorgeheizten Backofen (Umluft) ca. 12–16 Minuten backen. Kurz vor dem Ende der Backzeit auf jeden Florentiner fünf gesalzene Pistazien legen. Die Florentiner sollten mindestens goldbraun sein. Dann aus dem Ofen nehmen und auskühlen lassen. Vegane Florentiner sind etwas öliger. Nach Wunsch können sie vor dem Überziehen mit Schokolade mit der Unterseite nach unten auf Küchenpapier gelegt werden. Anschließend die Unterseite wie bei den Florentinern mit Schokolade überziehen. Luftdicht verpackt lagern.

Vegane Florentiner

TIPP

Generell »spiegelt« Kuvertüre jede Oberfläche, an der sie erstarrt. Benutzt man eine glatte, glänzende Folie, erhält man eine hochglänzende, spiegelnde Fläche. Wird hingegen Backpapier genutzt, bleibt die Oberfläche eher matt. Um ein einfaches Relief zu erzeugen, kann z. B. auch Alufolie zerknüllt und wieder glatt gestrichen werden.

FRANK FURTER KRANZ

„Wenn man einmal ein Praliné selbst gemacht hat, möchte man das nie wieder missen. Man hat nicht nur den Geschmack in der Hand, alles ist besser! Und die Reste kann man sich einfach aufs Brot schmieren."

„Bei der Herstellung von Krokant ist wichtig, dass die Nüsse im Ganzen geröstet und dann erst zerkleinert werden, damit der Geschmack sich entfalten kann.“

Matthias Ludwigs

Der Frankfurter Kranz ist ein Paradebeispiel für die Vorlieben der bundesdeutschen Fresswelle der 1950er Jahre – sehr solide, sättigend und wenig experimentierfreudig. Den Kuchen gibt es in jeder wohlsortierten Konditorei, man findet ihn aber auch in den meisten Schulbackbüchern. Nahezu extravagant sind da die Belegkirschen in der Garnitur, die, der Legende nach, die Rubine in der Krone bei den Kaiserkrönungen zu Frankfurt symbolisieren sollen, eigentlich aber erst ab den 1970er Jahren in den Backbüchern zu finden sind.
Der Ausdruck „Kranz“, so viel ist sicher, ist aber abgeleitet vom mittelhochdeutschen Ausdruck für Kopfschmuck. Schon seit dem 15. Jahrhundert wird damit aber auch eine Gesellschaft bezeichnet, die sich reihum bei ihren Mitgliedern trifft.
Für uns interessant ist vor allem das Kaffeekränzchen, das eben auch in der Konditorei stattfinden kann. Auch bei der Aromatisierung der Buttercreme gehen die Meinungen auseinander, mal findet man Mokka unter den Zutaten, mal Maraschino. Worauf man sich aber einigen kann, ist ein Kranz aus Wiener Masse, der mehrfach waagerecht durchgeschnitten und mit Buttercreme gefüllt und bestrichen und anschließend großzügig mit Krokant bestreut wird.
In der Tradition haben wir uns für Maraschino (in der Buttercreme), Kirschen (in der Füllung und in der Garnitur) und Krokant entschieden. Unsere innovative Schnitte hingegen besteht aus einem Haselnussboden, einer Vanillebuttercreme, Praliné und Johannisbeeren mit einer kräftigen Säure als Fruchtkomponente.

Frankfurter Kranz

TIPP

Fertigprodukte wie das Pflaumenmus erleichtern die Arbeit, aber immer etwas zulasten des individuellen Geschmacks. Im Falle des Pflaumenmuses ist es vor allem die Süße, die vorgegeben ist. Dafür ist die Konsistenz optimal. Die eigene Herstellung derartiger Produkte ist nur in größeren Mengen sinnvoll, auch wenn darunter die Individualität etwas leidet.

FÜR 1 KRANZ (Ø 30 CM)		ZUBEREITUNGSZEIT ca. 2 h	RUHEZEIT 2 h
150 g gehackte Haselnusskerne	490 g Zucker	10 Eier	55 g Weizenmehl Type 405 (plus etwas mehr für die Form)
60 g Maisstärkemehl	400 g Butter (plus etwas mehr für die Form)	300 g Sauerkirschen (TK)	35 g Wasser
110 g Maraschino	Kirschen (optional)		

FÜR DEN KROKANT die Haselnusskerne in einer Pfanne ohne Fettzugabe rösten. Anschließend 150 g Zucker in einer Pfanne goldgelb karamellisieren, dann vom Herd ziehen und die noch warmen Nussstücke unterrühren. Das Ganze auf eine Lage Backpapier füllen, eine zweite Lage Backpapier darüberlegen und z. B. mit einem Rollholz so flach wie möglich drücken oder ausrollen. Den Krokant komplett auskühlen lassen. Vor der Verwendung mit dem Boden eines kleinen Topfes zu Krokant der gewünschten Größe zerstoßen. Luftdicht verpackt aufbewahren.

FÜR DEN KUCHENBODEN die Kranzform gleichmäßig einfetten und gut mit Mehl bestauben. Fünf Eier mit 110 g Zucker in einer Metallschüssel unter Rühren über einem Wasserbad auf ca. 60 °C erwärmen. Die Eiermasse dann in die Rührschüssel der Küchenmaschine umfüllen und schaumig-fest aufschlagen. Das Mehl und 50 g Stärkemehl vermischen, in die Rührschüssel sieben und zügig unterheben. 50 g Butter über einem Wasserbad schmelzen. 2 EL Teig in die noch warme Butter rühren und dies dann zügig unter den Teig heben. Den Teig in die Form geben und im auf 170 °C vorgeheizten Backofen (Umluft) ca. 30–35 Minuten backen. Vor dem Herausnehmen eine Stäbchenprobe machen, um zu prüfen, ob der Kranz komplett durchgebacken ist. Den Kranz dann 5 Minuten in der Form auskühlen lassen, auf ein Kuchengitter stürzen und die Form abnehmen. Komplett auskühlen lassen.

FÜR DIE SAUERKIRSCHENFÜLLUNG die Kirschen in einem Sieb komplett auftauen lassen und dabei den abtropfenden Saft auffangen. Den Saft dann mit 15 g Zucker sowie der restlichen Stärke (10 g) vermischt unter ständigem Rühren in einem kleinen Topf aufkochen und 30 Sekunden köcheln lassen. Den Topf vom Herd ziehen und die Kirschen unterrühren. Die Sauerkirschenfüllung auskühlen lassen.

Zum Tränken das Wasser mit 25 g Zucker erwärmen, bis der Zucker komplett gelöst ist. Das Zuckerwasser abkühlen lassen und dann 30 g Maraschino unterrühren. Die Tränke beiseitestellen.

FÜR DIE BUTTERCREME die restlichen Eier (fünf) mit dem restlichen Zucker (190 g) in einer Metallschüssel über einem Wasserbad unter regelmäßigem Rühren auf ca. 60 °C erhitzen. Die Eiermasse dann in die Rührschüssel der Küchenmaschine umfüllen und schaumig-fest aufschlagen. Die restliche Butter (350 g) in einer separaten Rührschüssel schaumig rühren, dann nach und nach die Eimasse unterrühren. Am Ende nach und nach den restlichen Maraschino (80 g) unterrühren. Es sollte eine glatte Buttercreme entstehen, die sofort weiterverarbeitet werden sollte.

Den Kranz drei- bis viermal waagerecht durchschneiden, sodass vier bis fünf Böden entstehen. Die Böden dabei so sortieren, dass sie beim Stapeln wieder in der richtigen Reihenfolge sind. Alle Böden dünn mit der Tränke bepinseln. Dann ca. zwei Drittel der Buttercreme in einen Spritzbeutel mit Lochtülle füllen und den Rest beiseitestellen. Auf den untersten Boden zwei Kreise so dressieren, dass dazwischen eine »Rinne« entsteht. In diese die Hälfte des durchgerührten Kirschragouts geben. Dann den nächsten Boden auflegen, andrücken und nur Creme aufdressieren. Den nächsten Boden auflegen und wie beim ersten Boden verfahren (Creme plus Kirschragout). Dann den letzten Boden (vier Böden) oder die nächsten zwei Böden (fünf Böden) mit einer Cremeschicht dazwischen auflegen. Anschließend mit einer Palette oder einer Teigkarte den Kranz rundherum mit der beiseitegestellten Creme überziehen und für 2 Stunden kalt stellen. Den Frankfurter Kranz danach auf eine Tortenplatte umsetzen und mit dem Krokant bestreuen. Nach Wunsch mit Buttercremeresten Tupfer aufspritzen, die mit Kirschen garniert werden.

FÜR CA. 10 SCHNITTEN (CA. 40 × 10 CM) ZUBEREITUNGSZEIT ca. 2 h RUHEZEIT 2 h

100 g Haselnusskerne	325 g Zucker	55 g Weizenmehl Type 405	55 g Mandelkerne gemahlen
4 Eier	30 g Haselnusskerne gemahlen	100 g Wasser	1 g Salz
270 g Butter	320 g Johannisbeeren (frisch oder TK)	40 g Maisstärkemehl	260 g Vollmilch
½ Vanilleschote	1 Eigelb		

FÜR DIE PRALINÉMASSE 100 g Haselnusskerne in einer Pfanne ohne Fettzugabe rösten. Anschließend 100 g Zucker in einer Pfanne kräftig karamellisieren, dann vom Herd ziehen und die noch warmen Nussstücke unterrühren. Das Ganze komplett auskühlen lassen, in einen Standmixer umfüllen und zu einer pastösen Pralinémasse mixen. Der Vorgang benötigt einige Minuten, dabei wird die Konsistenz immer feiner und die Masse kann sich durch die Reibung stark erwärmen. Solange die Masse noch grobstückig ist, kann ein Teil entnommen und als Dekoration beiseitegestellt werden. Die fertige Pralinémasse in eine Schale abfüllen und beiseitestellen.

FÜR DEN HASELNUSSBODEN das Mehl mit den Mandeln mischen. Die Eier trennen, das Eiweiß in einer separaten Rührschüssel beiseitestellen. Das Eigelb mit 70 g Pralinémasse, 20 g Zucker,

30 g gemahlenen Haselnusskerne, 20 g Wasser und dem Salz in einer Rührschüssel der Küchenmaschine dickcremig aufschlagen. Das beiseitegestellte Eiweiß mit 75 g Zucker zu cremigem Eischnee schlagen und ein Drittel unter die Haselnussmasse ziehen. Den restlichen Eischnee auf die Nussmasse geben und unterheben, während die Mehl-Mandel-Mischung zugegeben wird. 20 g Butter über einem Wasserbad schmelzen und 1 EL Teig unterrühren. Dann das Gemisch unter den restlichen Teig heben. Den Teig auf ein mit Backpapier ausgekleidetes Backblech streichen und 50 g Pralinémasse mit einem Löffel oder einer Spritztüte streifenförmig über dem Biskuit verteilen. 50 g Johannisbeeren aufstreuen und den Haselnussboden im auf 180 °C vorgeheizten Backofen (Umluft) ca. 14 Minuten backen.

Nach dem Backen vom Blech auf ein Gitter ziehen und auskühlen lassen.

FÜR DAS JOHANNISBEERENKOMPOTT tiefgekühlte Johannisbeeren in einem kleinen Topf auftauen. Frische Johannisbeeren etwas zerdrücken. 25 g Zucker und 15 g Stärkemehl unterrühren und unter ständigem Rühren aufkochen lassen. Dann in eine kleine Schüssel umfüllen und mit Frischhaltefolie bedeckt kalt stellen.

Zum Tränken das restliche Wasser (80 g) mit 60 g Zucker erwärmen bzw. aufkochen, bis der Zucker vollständig gelöst ist. Das Zuckerwasser beiseitestellen und abkühlen lassen.
Für die Vanillecreme die Milch mit dem ausgekratzten Vanillemark sowie -schote und dem restlichen Zucker (45 g) aufkochen und 10 Minuten ziehen lassen. Das Eigelb mit der restlichen Stärke (25 g) glatt rühren, die warme Milch einrühren, alles zurück in den Topf geben und unter ständigem Rühren bei mittlerer Hitze zu einer festen Creme kochen. Sollte die Masse zwischendurch zu schnell am Topfboden fest werden, vom Herd nehmen und dabei kräftig weiterrühren. Die fertige Creme dünn auf ein Blech aufstreichen, dabei die Vanilleschote entfernen und mit Frischhaltefolie bedeckt auf Raumtemperatur auskühlen lassen. Die ausgekühlte Creme in die Rührschüssel der Küchenmaschine streichen und aufschlagen, dabei nach und nach die restliche zimmerwarme Butter (250 g) zugeben. Die Buttercreme 2–3 Minuten aufschlagen und in einen Spritzbeutel mit Lochtülle (8–12 mm) füllen. Direkt weiterverarbeiten.

Frankfurter Schnitte

Den Haselnussboden mit der Tränke (Zuckerwasser oder Likör) bestreichen, in drei gleich breite Streifen schneiden und diese nebeneinanderlegen. Die Hälfte der Buttercreme längs in vier Streifen auf einen der Böden dressieren. Dazwischen sollten drei »Rinnen« entstehen. In diese die Hälfte des durchgerührten Johannisbeerenkompotts füllen. Den zweiten Boden auflegen, leicht festdrücken und ebenso verfahren, dabei aber fünf Streifen dressieren und die vier »Rinnen« mit Kompott befüllen. Am Ende den dritten Boden auflegen und wieder andrücken. Die restliche Buttercreme direkt dekorativ so aufdressieren, dass dabei die späteren Stücke markiert werden. Mindestens 2 Stunden kalt stellen. Zum Servieren mit einem warmen Messer in die markierten Stücke schneiden, mit Tupfen der Pralinémasse und den beiseitegestellten karamellisierten Haselnussstücken dekorieren.

TIPP

Fertige Pralinémasse hält in einem Schraubglas mehrere Monate. Zum Tränken kann statt des Zuckerwassers auch z. B. Nusslikör (ca. 120 g) verwendet werden.

FRIESEN TORTE

Was genau das Friesische an dieser, manchmal auch „Himmelstorte" genannten, Torte ist, bleibt unklar. Wie so oft gibt es eine Menge Meinungen, aber kaum nachvollziehbare Belege. Eine besondere Affinität zum Obstanbau lässt sich nicht finden und auch bei Pflaumenmus denken wir eher an den Süden Deutschlands und nicht an die Nordseeküste (mehr als die Hälfte der in Deutschland geernteten Pflaumen stammt aus Baden-Württemberg und Rheinland-Pfalz). Dennoch liefert die Internetsuche nach der vermeintlich in Nord- und Ostfriesland beheimateten Spezialität rund 27.000 Einträge. Wie auch bei der Flockentorte ist zu vermuten, dass hier ein modisches Backwerk aus dem häuslichen Bereich Eingang in die Konditoreien gefunden hat.

Die traditionelle Variante haben wir schlicht aus Blätterteig, Pflaumenmus und Sahne zubereitet. Die Überarbeitung ist eine Tartelette mit Pflaumenkompott, kombiniert mit einer Aufschlagganache mit Joghurt und Karamellblätterteig in Gitterform.

Friesentorte

TIPP

Fertigprodukte wie das Pflaumenmus erleichtern die Arbeit, aber immer etwas zulasten des individuellen Geschmacks. Im Falle des Pflaumenmuses ist es vor allem die Süße, die vorgegeben ist. Dafür ist die Konsistenz optimal. Die eigene Herstellung derartiger Produkte ist nur in größeren Mengen sinnvoll, auch wenn darunter die Individualität etwas leidet.

FÜR 1 TORTE (Ø 20 CM)	ZUBEREITUNGSZEIT ca. 1 h	RUHEZEIT mind. 4 h	
Blätterteig (siehe Rezept »Schillerlocken« Seite 180)	170 g **Zucker**	6 Blatt **Gelatine**	200 g **Naturjoghurt** (ca. 3,8 % Fettgehalt)
900 g **flüssige Sahne** (33–35 % Fettgehalt)	ca. 230 g **Pflaumenmus** (Konserve))	**Pflaumenmus und/oder frische Pflaumen** (optional)	

Den ausgerollten Blätterteig auf eine Lage Backpapier legen und 10 Minuten »entspannen« lassen, dabei zieht er sich wieder ein wenig zusammen. Dann den Tortenring (Ø ca. 20 cm) auflegen und drei Böden ausschneiden. Die Böden einzeln auf mit Backpapier ausgekleidete Backbleche legen, dünn mit etwas Wasser bestreichen und mit 90 g Zucker bestreuen. Dann einen der Böden für die Dekoration in die gewünschte Anzahl an Stücken (zehn bis zwölf) schneiden. Die Böden im auf 180 °C vorgeheizten Backofen (Umluft) ca. 20 Minuten gleichzeitig (oder jeweils 20 Minuten nacheinander) goldbraun backen. Anschließend auskühlen lassen.

FÜR DIE JOGHURTSAHNE die Gelatine 5 Minuten in kaltem Wasser einweichen. Dann ausdrücken und in einer Schüssel über einem Wasserbad schmelzen lassen. Ein Drittel des Joghurts und 80 g Zucker zugeben und glatt rühren. Die Masse sollte dabei nicht zu stark abkühlen. Gegebenenfalls erneut auf das Wasserbad stellen. 700 g Sahne steif schlagen und mit dem restlichen, glatt gerührten Joghurt vermischen. Anschließend die Gelatinemischung zugeben und zügig unterrühren. Direkt weiterverarbeiten.

Den ersten Blätterteigboden in den Tortenring legen und die Hälfte des Pflaumenmuses darauf verteilen. Dann die Hälfte der Joghurtsahne darauf glatt streichen. Den zweiten Boden auflegen und ebenso verfahren. Mindestens 4 Stunden kalt stellen. Danach die Torte aus dem Tortenring lösen und in die gewünschte Anzahl an Stücken einteilen. Die restliche Sahne (200 g) steif schlagen und den Tortenrand dünn damit überziehen. Den Rest in einen Spritzbeutel mit Lochtülle abfüllen und entsprechend der Einteilung Sahnerosetten aufspritzen. Nach Wunsch diese noch mit etwas Pflaumenmus oder Pflaumen belegen. Zum Schluss die Blätterteigstücke schräg anlehnen.

FÜR 8 TARTELETTES (CA. 40 × 10 CM) ZUBEREITUNGSZEIT ca. 2 h RUHEZEIT mind. 12 h

1 Blatt Gelatine	125 g flüssige Sahne (33–35 % Fettgehalt)	35 g weiße Kuvertüre	40 g Naturjoghurt (ca.3,8 % Fettgehalt)
1 Eigelb	10 g Vollmilch	70 g Zucker	25 g Weizenmehl Type 405 plus etwas mehr für die Teigbearbeitung
1 Msp. Backpulver	1 Prise Zimt gemahlen	25 g Butter	8 ungebackene Tarteletteböden (siehe Rezept »Apfeltartelettes« Seite 21)
380 g Zwetschgen	½ Zimtstange	Blätterteig (siehe Rezept »Schillerlocken« Seite 180)	50 g Puderzucker
Pflaumenmus			

FÜR DIE AUFSCHLAGGANACHE die Gelatine 5 Minuten in kaltem Wasser einweichen. Dann ausdrücken und in einer Schale über einem Wasserbad zusammen mit 15 g Sahne auflösen. Die gehackte Kuvertüre zugeben und ebenfalls schmelzen. Dann den Joghurt und die restliche Sahne (110 g) unterrühren. Die Creme über Nacht kalt stellen.

FÜR DIE TARTELETTE-FÜLLUNG das Eigelb, die Milch, 30 g Zucker, das Mehl, das Backpulver und den Zimt glatt rühren. Die Butter über einem Wasserbad schmelzen und dann unterrühren. Die Füllung gleichmäßig in die Tartelettes verteilen und im auf 150 °C vorgeheizten Backofen (Umluft) ca. 25 Minuten backen.

FÜR DAS ZWETSCHGENKOMPOTT die Zwetschgen waschen, halbieren und entsteinen. Dann in einem ofenfesten Topf mit dem restlichen Zucker (40 g) vermischen, die Zimtstange zugeben und abgedeckt im auf 180 °C vorgeheizten Backofen (Ober-/Unterhitze) ca. 40 Minuten weich garen. Die Zimtstange entnehmen und die Zwetschgen pürieren.

FÜR DAS BLÄTTERTEIG-GITTER den Teig auf 2,5 mm ausrollen. Dann die Teigplatte mit einem Gitterroller so einschneiden, dass man sie zu einem Gitter auseinanderziehen kann. Aus dem auseinandergezogenen Teig mit einem runden Ausstecher (Ø 8 cm) acht Stücke ausstechen und diese auf ein mit Backpapier ausgekleidetes Backblech legen. Den Puderzucker darübersieben, eine zweite Lage Backpapier auflegen und mit einem weiteren Backblech beschweren. Die Gitter im auf 180 °C vorgeheizten Backofen (Umluft) ca. 25 Minuten backen. Sie sollten knusprig braun sein. Zwischen den Backpapieren auskühlen lassen und luftdicht verpackt aufbewahren.
Das ausgekühlte Zwetschgenkompott auf die ausgekühlten Tartelettes verteilen und glatt streichen. Dann ca. 2 Stunden kalt stellen.

Danach die Aufschlagganache in ein kleines Gefäß geben und wie Sahne steif schlagen. In einen Spritzbeutel mit Lochtülle füllen und dekorativ auf die Tartelettes dressieren. Das Pflaumenmus glatt rühren und in eine Spritzflasche abfüllen. Die Tartelettes mit kleinen Tupfern garnieren. Vor dem Servieren jeweils ein Blätterteiggitter auflegen.

Friesen-Tartelettes

„Für den bestmöglichen Geschmack im Grillageboden müssen die Nüsse immer vorher geröstet sein, weil die Temperatur im Teig beim Backen nicht hoch genug wäre.“

Matthias Ludwigs

HAVANNA TORTE

Für manche Torten gibt es unterschiedliche Namen. Havanna-, Grillage- und Eissplittertorte klingen erst einmal sehr unterschiedlich, sind aber letztendlich allesamt regionale Abwandlungen einer halbgefroren servierten Spezialität – ergo der Eissplitter. Die Grillagevariante (im Westen des Landes sagt man auch „Grillasch") bezieht ihren Namen vom österreichischen Ausdruck für zerstoßenen Krokant, abgeleitet vom französischen „griller" für rösten. (Um die Verwirrung komplett zu machen, an dieser Stelle der Hinweis, dass Krokant in der Schweiz als Nougat genannt wird.) Der Ursprung der Bezeichnung „Havanna" hingegen ist schnell zu erraten – die kubanische Hauptstadt im Namen steht für den verwendeten Rum. Die aus Zuckerrohr hergestellte Spirituose entstand in der heutigen Form im 17. Jahrhundert in der Karibik.

Für die klassische Havannatorte haben wir einen Mürbeteigboden und zwei Baiserböden mit Rumsahne, Schokolade und Krokant verarbeitet und danach gefroren. In der innovativen Versuchsbackstube ist daraus ein Eistörtchen mit Haselnuss, Kakaobohnen-Parfait und Schokoladenkrokant geworden.

Eissplittertorte

FÜR 1 TORTE (Ø 26 CM, HÖHE 6 CM)		ZUBEREITUNGSZEIT ca. 3 h	RUHEZEIT mind. 4 h
135 g **Haselnusskerne** gehackt	285 g **Zucker**	5 **Eiweiß**	50 g **Puderzucker** gesiebt
ca. 1 kg **flüssige Sahne** (33–35 % Fettgehalt)	40 g **Rum**	40 g **dunkle Schokoladenraspel** plus etwas mehr für die Dekoration	200 g **gebackener Mürbeteigboden** (siehe Rezept »Schwäbischer Apfelkuchen« Seite 18)
50 g **flüssige dunkle Schokolade oder Nussnugatcreme**			

FÜR DEN HASELNUSSKROKANT die Haselnüsse in einer beschichteten Pfanne ohne Fettzugabe goldbraun rösten. Dann 80 g Zucker zu hellem Karamell schmelzen und die noch warmen Nussstückchen unterrühren. Den Haselnusskrokant auf eine Lage Backpapier geben, eine zweite Lage auflegen und z. B. mit dem Rollholz so flach wie möglich – am besten durch Drücken – verteilen. Den Haselnusskrokant komplett auskühlen lassen, dann in Stücke brechen, in einen Gefrierbeutel geben und z. B. durch Klopfen mit einem Topfboden fein zerkleinern. Bis zur Verwendung im Beutel beiseitestellen.

FÜR DIE BAISERBÖDEN zwei Bleche mit Backpapier vorbereiten. Dabei auf die Unterseite des Backpapiers jeweils mit dem verwendeten Tortenring (Ø 26 cm) einen Kreis aufzeichnen. Dann das Eiweiß mit 175 g Zucker über einem Wasserbad auf ca. 60 °C erwärmen, dabei immer wieder durchrühren, damit nichts ansetzt. In die Rührschüssel einer Küchenmaschine umfüllen und zu festem Eischnee schlagen. 135 g feinen Haselnusskrokant mit dem Puderzucker vermischen. Sobald der Eischnee schön steif geworden ist, die Krokant-Mischung zügig unterziehen und den Baiserteig in einen Spritzbeutel mit Lochtülle (13 mm) füllen. Von der Mitte ausgehend den Teig auf beiden Backblechen jeweils zu einem Boden spiralförmig auf das Backpapier dressieren. Teigreste neben die Böden spritzen, diese dienen am Ende zur Dekoration. Beide Bleche gleichzeitig in den Ofen geben und ca. 2 Stunden im auf 110 °C vorgeheizten Backofen (Umluft) backen bzw. trocknen lassen. Wenn die Böden dabei leicht bräunen, ist es nicht schlimm, Hauptsache, die Böden sind richtig knusprig. Anschließend auskühlen lassen.

FÜR DIE HAVANNA-SAHNE 800 g Sahne mit dem restlichen Zucker (30 g) cremig-steif schlagen. Dann den Rum, die Schokoladenraspel und den restlichen gröberen Haselnusskrokant (80 g) unterheben.

Die Baiserböden ggf. mit dem Tortenring ausstechen bzw. so zuschneiden, dass sie in den Ring passen. Den Mürbeteigboden mit flüssiger Kuvertüre (oder Nussnugatcreme) bestreichen und in den Tortenring einpassen. Dann einen Baiserboden darauflegen und leicht andrücken. Die Hälfte der Havanna-Sahne einfüllen und glatt streichen. Den zweiten Baiserboden auflegen, leicht andrücken, die restliche Havanna-Sahne darauf verteilen und glatt streichen. Mindestens 4 Stunden in den Tiefkühler stellen.

Danach den Tortenring leicht anwärmen und von der Torte ablösen. Die restliche Sahne (ca. 200–300 g) cremig-steif schlagen, den Tortenrand damit überziehen und den Rest in einen Spritzbeutel mit Lochtülle füllen. Die Torte dann in 12 bis 14 Stücke einteilen und die entsprechende Anzahl von Sahnetupfern aufspritzen. Die Baiserreste zerkrümeln und auf der Torte verteilen. Nach Wunsch den Rand noch mit Schokoladensplittern verzieren. Vor dem Servieren die gefrorene Torte für ca. 30 Minuten in den Kühlschrank stellen.

CA. 8 STÜCK (Ø 6 CM, HÖHE 4,5 CM) ZUBEREITUNGSZEIT ca. 1,5 h RUHEZEIT mind. 4 h

120 g Puderzucker gesiebt	45 g Haselnusskerne gemahlen	40 g Mandelkerne gemahlen	3 Eier
100 g Zucker	150 g Vollmilch	15 g Kakaobohnenbruch geröstet	1 Eiweiß
ca. 340 g flüssige Sahne (33–35 % Fettgehalt)	200 g dunkle Kuvertüre (60–70 % Kakaogehalt)	20 g neutrales Pflanzenöl	25 g Krokrant (oder gehackte Haselnüsse)
8 Anrichteringe (Ø 6 cm, 4,5 cm Höhe)	ca. 100 g temperierte dunkle Kuvertüre (60–70 % Kakaogehalt)		

FÜR DEN HASELNUSSBISKUIT ein Backblech mit Backpapier auslegen. 80 g Puderzucker mit einem Schneebesen mit den Haselnüssen und den Mandeln vermischen. Die Eier trennen. Die drei Eigelb beiseitestellen, das Eiweiß in einer Rührschüssel mit 30 g Zucker steif schlagen. Dann die Puderzuckermischung zügig unterheben. Den Teig nicht ganz bis zum Rand auf dem Backblech verstreichen und den restlichen Puderzucker (40 g) auf die Oberfläche sieben. Den Haselnussbiskuitboden im auf 170 °C vorgeheizten Backofen (Umluft) 15 Minuten backen und dann komplett auskühlen lassen. Anschließend ein Blatt Backpapier und ein weiteres Backblech auf den Biskuitboden legen und diesen wenden. Das Backpapier vom Backen abziehen und mit einem Ausstecher (Ø 6 cm) 16 Kreise ausstechen.

FÜR DAS KAKAOBOHNEN-PARFAIT die Milch mit dem Kakaobohnenbruch aufkochen und abgedeckt 5 Minuten ziehen lassen. Das beiseitegestellte Eigelb mit 20 g Zucker gut vermischen und die heiße Milch einrühren. Dann wieder in den Topf geben und bei mittlerer Hitze mit dem Gummispatel abziehend auf ca. 82 °C erhitzen. Anschließend sofort durch ein Sieb in eine mittelgroße Schüssel passieren und die Parfait-Grundmasse abkühlen lassen. Den Kakobohnenbruch aus dem Sieb in eine kleine Pfanne umfüllen und bei mittlerer Hitze trocken rösten. Das Eiweiß mit dem restlichen Zucker (50 g) über einem Wasserbad auf ca. 60 °C erwärmen und mit dem Handrührgerät zu cremigem Eischnee schlagen. 190 g Sahne cremig-steif schlagen. Anschließend erst den Eischnee, dann die Sahne unter die ausgekühlte Parfait-Grundmasse ziehen.

Jeweils einen Haselnussboden in acht Anrichteringe (Ø 6 cm) legen und bis ca. 5 mm unter dem Rand mit der Parfait-Masse füllen. Dann den zweiten Boden auflegen und leicht festdrücken. Für mindestens 4 Stunden (besser über Nacht) in den Tiefkühler stellen.

FÜR DIE SCHOKOLADENGLASUR die Kuvertüre hacken und über einem Wasserbad schmelzen lassen. Dann das Öl, den gerösteten Kakaobohnenbruch und den Krokant untermischen. Die Schokoladenglasur zur Verwendung auf ca. 35–40 °C temperieren und in ein hohes Gefäß füllen, dessen Durchmesser etwas größer als der der Törtchen ist.

Die Eistörtchen außen leicht anwärmen und aus den Ringen drücken. Die Eistörtchen dann nacheinander mit einer Gabel aufspießen, bis zur oberen Kante in die Glasur tauchen, zügig wieder herausnehmen, etwas ablaufen lassen und den Boden etwas abstreifen. Die Eistörtchen auf Backpapier stellen und wieder in den Tiefkühler stellen. Vor dem Servieren die restliche Sahne (ca. 150 g) steif schlagen und mit einem Spritzbeutel eine Rosette aufdressieren. Mit etwas Kuvertüre garnieren.

Havanna-Eistörtchen

HERREN TORTE

„Vor Schokolade darf man keine Angst haben. Wenn man einmal weiß, wie und warum das funktioniert, braucht es vielleicht immer noch ein bisschen Übung, aber man versteht dann immerhin schon, warum etwas schiefgeht."

Die genderspezifische Vermarktung von Lebensmitteln ist ein Kuriosum, aber nicht neu. Für Damen ist alles gerne ein bisschen pastelliger, süßlicher und floraler, für Herren dann eher kräftig, herb und erdig. Das Marketing für Männer ist dabei immer eine Spur direkter, man denke an zartbittere Herrenschokolade, Herrenkonfitüre mit herben Orangen, Preiselbeeren und Whiskey, aber auch an das Herrengedeck, bestehend aus Bier und Schnaps. Die maskuline Komponente in der Herrentorte ist vermutlich die zartbittere Schokolade und die mit Weißwein zubereitete Creme und man fragt sich, ob der ganze Rest in der Theke eigentlich für Damen bestimmt war.

Wir haben zunächst auf den Standard mit Mürbeteig, Dobosböden, Weincreme und Schokoladenüberzug zurückgegriffen. Daraus ist eine zeitgemäße, genderneutrale Schokoladentartelette mit Lemon Curd, Mandelbiskuit, einer Mischung aus Marzipan und Weißwein sowie zartbitterer Schokolade geworden.

Herrentorte

116

TIPP

Für eine selbst hergestellte Marzipandecke 250 g Marzipan-rohmasse mit 125 g gesiebtem Puderzucker verkneten und dünn ausrollen.

FÜR 1 TORTE (Ø 24 CM, CA. 4,5CM HÖHE)	ZUBEREITUNGSZEIT ca. 2 h		RUHEZEIT mind. 4 h
11 **Eier**	345 g **Zucker**	160 g **gesiebtes Weizenmehl Type 405**	300 g **Butter**
40 g **Maisstärkemehl**	190 g **Weißwein**	75 g **Zitronensaft**	**1 Rezept Mürbeteig** (siehe Rezept »Schwäbischer Apfelkuchen« Seite 28)
1 EL **Konfitüre** (z. B. Aprikose)	200 g **Buttercreme** (siehe Rezept »Frankfurter Kranz« Seite 98)	1 **Marzipandecke** (Fertigprodukt oder selbst gemacht, siehe Tipp)	12 **Marzipanschilder** (Buchstabe »H«)
400 g **temperierte dunkle Kuvertüre** (60–70 % Kakaogehalt)			

FÜR DIE BÖDEN sieben Eier trennen. Das Eigelb mit 55 g Zucker cremig aufschlagen, das Eiweiß mit 115 g Zucker zu cremigem Eischnee schlagen. Dann ein Drittel des Eischnees unter die Eigelbmasse ziehen, den restlichen Schnee daraufgeben und unterheben. Dabei nach und nach das Mehl zugeben und zu einem homogenen Teig vermischen. 200 g Butter über einem Wasserbad schmelzen und einen Löffel Teig untermischen. Dann das Gemisch unter den Teig heben. Dann jeweils einen Tortenring (Ø 24 cm) auf fünf mit Backpapier ausgekleidete Backbleche stellen und gleichmäßig mit Teig befüllen. Wenn die ersten aufgestrichen sind, diese direkt im auf 180 °C vorgeheizten Backofen (Umluft) ca. 8–10 Minuten goldbraun backen. Die Böden auskühlen lassen und danach am besten direkt weiterverarbeiten. Die Böden an den Tortenring anpassen. Vorher mit dem Tortenring kontrollieren, ob die Größe stimmt, bei Bedarf etwas zurechtschneiden.

FÜR DIE WEINCREME die restlichen vier Eier trennen. Das Eiweiß steif schlagen und beiseitestellen. Das Stärkemehl mit etwas Wein glatt rühren. Den restlichen Wein mit dem Zitronensaft, dem restlichen Zucker (175 g), der restlichen Butter (100 g) und dem Eigelb unter ständigem Rühren zum Kochen bringen. Dann den Topf kurz vom Herd ziehen und das Stärkemehl unterrühren. Anschließend die Creme erneut aufkochen lassen. Danach vom Herd ziehen und sofort das steif geschlagene Eiweiß unterheben.

Den Mürbeteigboden mit der glatt gerührten Konfitüre einstreichen und als unterste Schicht in den Tortenring einpassen. Dann einen Boden in den Tortenring legen und ca. 160 g Weincreme darauf glatt streichen. Mit den restlichen Böden und der restlichen Weincreme ebenso verfahren, bis alles aufgebraucht ist. Die Torte dann mindestens 4 Stunden, besser aber über Nacht, kalt stellen.

Danach die Torte aus dem Ring lösen und rundherum mit der Buttercreme einstreichen. Mit der Marzipandecke einschlagen und ca. 1 Stunde bei Raumtemperatur stehen lassen. Anschließend wird die Torte mit dunkler Kuvertüre überzogen. Dazu die Torte entweder auf ein Kuchengitter oder eine Platte, die etwas kleiner als die Torte selbst ist, stellen. Die Kuvertüre dann zügig auf die Mitte der Torte gießen und bei Bedarf so verteilen, dass sie überall am Rand herunterläuft. Dabei direkt mit einer ausreichend langen, glatten Palette oder einem Messerrücken so über die Oberfläche der Torte streichen, dass die Marzipandecke nur mit einer dünnen Schokoladenschicht bedecktist. Die gesamte Torte etwas mit dem Tortengitter oder der Platte »aufklopfen«, damit die Kuvertüre am Rand schneller abläuft. Sobald sie anfängt »anzuziehen«, einmal unten am Rand der Torte eventuelle Tropfen abwischen und sie auf eine Tortenplatte umsetzen. Wenn die Kuvertüre erstarrt ist, mit einem angewärmten Messer die gewünschten Stücke in die Kuvertüre schmelzen, damit sie beim Anschneiden nicht bricht. Abschließend die Torte mit den Marzipanplättchen dekorieren. Dazu werden diese entweder an der Unterseite etwas befeuchtet oder mit einem Punkt Kuvertüre befestigt.

FÜR CA. 10 STÜCK		ZUBEREITUNGSZEIT 1,5 h	RUHEZEIT 2 h
175 g Weizenmehl Type 405	25 g Backkakaopulver	110 g Zucker	1 Päckchen Vanillezucker (optional)
1 Prise Salz	4 Eier	255 g Butter	35 g gemahlene Mandelkerne
35 g gesiebter Puderzucker	Abrieb von ½ unbehandelten Zitrone	1 Eiweiß	180 g trockener Weißwein
30 g Zitronensaft	8 g Maisstärkemehl	10 Scheiben gebackener Mandelbiskuit (siehe Rezept »Mandel-Zitronenrolle« Seite 213)	260 g Marzipanrohmasse
100 g temperierte dunkle Kuvertüre (60–70 % Kakaogehalt)	2–4 Blätter Frischhaltefolie (à 28 × 35 cm)	1 runder Ausstecher (Ø 8 cm)	1 Ausstecher (in Form eines »H«)

FÜR DEN SCHOKOLADENMÜRBETEIG das Mehl mit dem Backkakaopulver in eine Schüssel sieben und 65 g Zucker, nach Wunsch den Vanillezucker und das Salz untermischen. Dann ein Ei und 140 g Butter in kleinen Stückchen zugeben und gründlich verkneten. Der Teig sollte relativ trocken sein, kann aber ruhig noch ganz leicht krümelig sein. Sollte er zu trocken erscheinen, 1–2 EL eiskaltes Wasser unterkneten. Falls er zu weich erscheint, 1–2 EL Mehl unterkneten. Den Teig zu einer Kugel formen und in Frischhaltefolie gewickelt mindestens 30 Minuten kühl stellen.

Den Schokoladenmürbeteig ausrollen und die Tarteletteformen damit auslegen. Die Mandeln, den Puderzucker, 35 g weiche Butter und den Zitronenabrieb glatt rühren und dann das Eiweiß unterrühren, aber nicht schaumig schlagen. Die Füllung auf den Tarteletteböden verteilen. Die Tartelettes dann im auf 150 °C vorgeheizten Backofen (Umluft) ca. 30 Minuten backen, aus den Ringen lösen und auskühlen lassen.

FÜR DEN WEISSWEIN-ZITRONEN-CURD 110 g Weißwein und den Zitronensaft aufkochen lassen. Die Eier mit dem Zucker sowie dem Stärkemehl glatt rühren und dann in die heiße Flüssigkeit einrühren. Das Ganze unter ständigem Rühren einmal aufkochen. Anschließend in eine Schüssel füllen und 80 g gewürfelte Butter unterrühren. Die Creme auf Raumtemperatur abkühlen lassen, erneut durchrühren und in die ausgekühlten Tartelettes füllen. Bei Bedarf glatt streichen, jeweils eine Scheibe Mandelbiskuit auflegen und mindestens 2 Stunden kalt stellen.

FÜR DIE MARZIPANTUPFEN die zimmerwarme Marzipanrohmasse in eine Rührschüssel geben und mit den Knethaken eines Handrührgeräts nach und nach den restlichen Weißwein (70 g) einarbeiten. Die weiche Marzipanmasse dann in einen Spritzbeutel mit Lochtülle füllen undauf allen Tartelettes am Rand ringförmig kleine Marzipantupfen aufdressieren.

FÜR DIE SCHOKOLADENPLATTEN die temperierte Kuvertüre auf eine Lage Folie füllen, mit einer weiteren Lage Folie bedecken und dünn ausstreichen (32 × 24 cm) . Mit dem Ausstecher durch die Folie hindurch zehn Kreise ausstechen. Im Anschluss mittig auf den Kreisen jeweils das »H« markieren. Die Schokoladenplatten von der Folie lösen und auf die Törtchen legen.

Herrentartelettes

TIPP

Rohmarzipan lässt sich am besten zimmerwarm verarbeiten.
Dazu kann er auch sehr gut in der Mikrowelle aufgewärmt werden.

HOLLÄND

SCH

KIRSCH

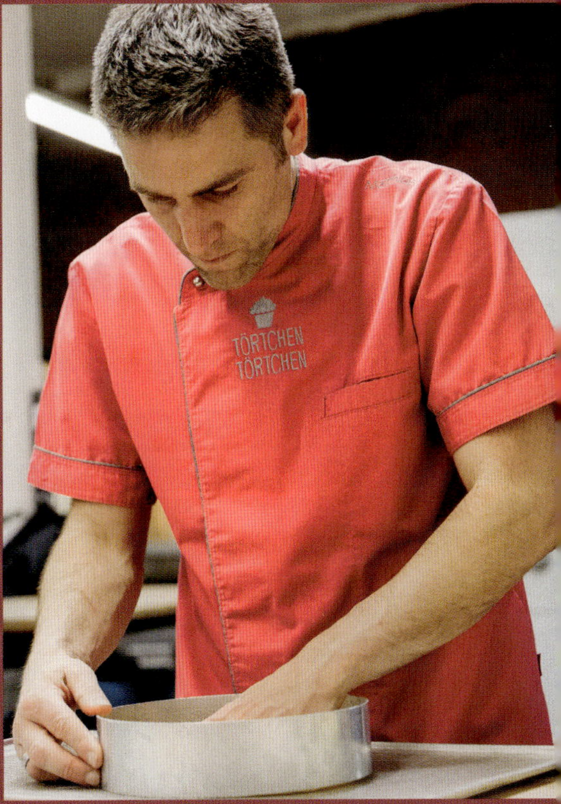

Auch wenn das vermutlich auf beiden Seiten der Grenze mehr oder weniger scherzhaft abgestritten wird, sind wir unseren Nachbarn in vielerlei Hinsicht sehr ähnlich. Am ehesten vergleichbar mit den deutschen Konditoreien waren die niederländischen Tearooms, in denen man Heißgetränke und Gebäck im eleganten Ambiente zu sich nehmen konnte. Während das klassische Konditorei-Café in Deutschland stark bedroht ist, ist der Tearoom im Königreich schon fast vollständig ausgestorben. Was nicht heißen soll, dass weniger Feingebäck, Kuchen oder Torten verzehrt werden. Das Phänomen „Holländer Kirsch" ist aber bei den Nachbarn zunächst einmal unbekannt. Kirschen gibt es zwar hüben wie drüben, aber zur Kombination von Blätterteig und Creme lässt sich doch ein niederländisches Pendant finden. Das Tompoes ist eine Schnitte aus vergleichbaren Zutaten, überzogen mit rosa- oder orangefarbenem Fondant. Es ist vor allem zu den mit dem Königshaus verbundenen Feiertagen sehr beliebt und ebenso schwer in Würde zu verzehren wie der deutsche Klassiker.

In der Tradition haben wir, ganz klassisch, abgezogene Kirschen und Vanillesahne zwischen Blätterteig gepackt. Unsere modifizierte Version ist ein Mille-Feuille, wobei die Creme mit weißer Schokolade angereichert ist und wir den Blätterteiganteil erhöht haben.

Holländer Kirschtorte

FÜR 1 TORTE (Ø 24 CM) | ZUBEREITUNGSZEIT ca. 1,5 h | RUHEZEIT mind. 4 h

1 Glas **Schattenmorellen** (Abtropfgewicht 350 g)	100 g **Zucker**	50 g **Maisstärkemehl**	2 g **Zimt** gemahlen
Blätterteig (siehe Rezept »Schillerlocken« Seite 180)	**Weizenmehl Type 405** für die Teigbearbeitung	80 g **Kirschkonfitüre**	**Vanilleextrakt** (optional)
80 g **Glasurfondant**	5 Blatt **Gelatine**	920 g **flüssige Sahne** (33–35 % Fettgehalt)	1 **Vanilleschote**
12–14 **Kirschen** (Beleg-, Amarena- oder frische Kirschen mit Stiel)			

FÜR DAS KIRSCHRAGOUT die Kirschen in einem Sieb abtropfen lassen und dabei den Saft auffangen. Anschließend den Saft (375 g), 50 g Zucker, das Stärkemehl und den Zimt unter ständigem Rühren aufkochen und 1 Minute köcheln lassen. Die Kirschen in eine Schale umfüllen, die Sauce darübergießen und gut vermischen. Auskühlen lassen.

FÜR DEN TORTENBODEN den Blätterteig auf einer bemehlten Arbeitsfläche auf eine Stärke von 2,5 cm ausrollen. Zwei Teigscheiben mit einem Durchmesser von ca. 26 cm ausschneiden und auf mit Backpapier ausgekleidete Backbleche legen. Die Böden im auf 180 °C vorgeheizten Backofen (Umluft) ca. 20–25 Minuten goldbraun backen. Anschließend die Böden auf den Tortenring (Ø 24 cm) zuschneiden. Die Abschnitte als Dekoration beiseitelegen.

Die Konfitüre glatt rühren oder ggf. mixen. Dann in einen Topf füllen, nach Wunsch einige Tropfen Vanilleextrakt unterrühren, aufkochen und 2 Minuten köcheln lassen. Dann einen Boden gleichmäßig dünn damit bestreichen. Den Glasurfondant über einem Wasserbad unter Rühren auf die Verarbeitungstemperatur von 35 °C erwärmen. Je nach Konsistenz etwas Wasser zugeben, damit er flüssig genug ist, um mit dem Pinsel verstrichen zu werden. Den Fondant über die etwas fest gewordene Konfitüre pinseln. Dann sofort den Boden in die gewünschte Anzahl von Stücken schneiden (12 bis 14) und den Fondant fest werden lassen.

FÜR DIE VANILLESAHNE die Gelatine 5 Minuten in kaltem Wasser einweichen. 720 g Sahne mit dem restlichen Zucker (50 g) und dem ausgekratzten Mark der Vanilleschote nicht ganz steif schlagen. Die Gelatine ausdrücken und in einer Schale über einem Wasserbad auflösen. 2 EL Vanillesahne unterrühren und dieses Gemisch dann unter die restliche Vanillesahne mischen. Anschließend bis zur gewünschten Festigkeit weiter aufschlagen. Direkt weiterverarbeiten.

Den nicht glasierten Blätterteigboden in den Ring einlegen und dünn mit der Vanillesahne bestreichen. Das Kirschragout durchrühren und 2–3 cm vom Rand entfernt als breiten Ring auf dem Boden verteilen, dabei in der Mitte einen Kreis (Ø ca. 6 cm) frei lassen. Die restliche Vanillesahne auf den Kirschen verteilen, dabei darauf achten, dass keine Hohlräume entstehen. Die Sahne glatt streichen und die Torte für mindestens 4 Stunden kalt stellen.

Die Torte aus dem Ring lösen. Die restliche Sahne (200 g) steif schlagen und den Tortenrand damit glätten. Die restliche Sahne in einen Spritzbeutel mit Lochtülle abfüllen. Nach Wunsch den Tortenrand mit den zerbröselten Blätterteigabschnitten dekorieren. Die geschnittenen glasierten Teile auflegen und je eine Sahnerosette aufdressieren. Zum Schluss mit den Kirschen garnieren.

FÜR CA. 10 STÜCKE — ZUBEREITUNGSZEIT ca. 1,5 h — RUHEZEIT mind. 2 h

neutrales Pflanzenöl	Puderzucker	Blätterteig (siehe Rezept »Schillerlocken« Seite 180)	250 g Sauerkirschen (TK)
50 g Apfelsaft	70 g Zucker	5 g Maisstärkemehl	2 g Zimt gemahlen
½ Blatt Gelatine	1 Eigelb	125 g Vollmilch	10 g Weizenmehl Type 405 plus etwas mehr für die Teigbearbeitung
¼ Vanilleschote	40 g Butter	125 g flüssige Sahne (33–35 % Fettgehalt)	

FÜR DEN KARAMELLISIERTEN BLÄTTERTEIG ein Backblech mit Backpapier auslegen, leicht einölen und Puderzucker darübersieben. Den Blätterteig auf einer bemehlten Arbeitsfläche auf die Größe des Backblechs und eine Dicke von 2,5 mm ausrollen. Das Backblech damit belegen und den Teig mit einer Gabel einstechen. Eine weitere Lage geöltes Backpapier mit der öligen Seite nach unten darauflegen und das Ganze mit einem zweiten Backblech beschweren. Den Blätterteig im auf 180 °C vorgeheizten Backofen (Umluft) ca. 30–35 Minuten goldbraun backen. Den Blätterteigboden dann auskühlen lassen und die schmale Seite mit einem scharfen Sägemesser in drei Streifen (oder direkt in zehn Stücke der gewünschten Größe) schneiden.

FÜR DAS KIRSCHRAGOUT die Kirschen antauen lassen, mit dem Apfelsaft übergießen und 2 Minuten ziehen lassen. Dann die Kirschen durch ein Sieb gießen und den Saft auffangen. Die Stärke mit etwas Kirschsaft glatt rühren. 40 g Zucker in einem kleinen Topf hell karamellisieren lassen und mit dem Kirschsaft ablöschen. Den Topf vom Herd ziehen und den Zimt sowie die glatt gerührte Stärke einrühren. Das Ganze unter Rühren durchkochen lassen. Dann die Kirschen untermischen und das Ragout abkühlen lassen.

FÜR DIE VANILLECREME die Gelatine 5 Minuten in kaltem Wasser einweichen. Das Eigelb zuerst mit dem restlichen Zucker (30 g) sowie einem Löffel Milch vermischen, dann das Mehl einrühren. Anschließend die restliche Milch sowie das ausgekratzte Mark der Vanilleschote und die Vanilleschote zugeben und unter ständigem Rühren bei mittlerer Hitze zu einer dicken Creme kochen. Dann die Butter zugeben und glatt rühren. Die ausgedrückte Gelatine darin auflösen. Die Creme dann zum Abkühlen auf ein Blech aufstreichen und mit Frischhaltefolie bedecken. Die Sahne steif schlagen. Wenn sich die Creme gerade noch leicht warm anfühlt, in eine Schüssel umfüllen, dabei die Vanilleschote entfernen. Die Creme kräftig glatt rühren. Anschließend erst ein Drittel Sahne untermischen, dann den Rest unterziehen und die Creme in einen Spritzbeutel mit Lochtülle (10 mm) umfüllen.

Einen Blätterteigstreifen in einen passenden Backrahmen legen und etwa die Hälfte der Vanillecreme als Tupfer oder Streifen daraufspritzen. Dann das Kirschragout dazwischenfüllen. Anschließend den zweiten Blätterteigstreifen auflegen und die restliche Vanillecreme und das restliche Kirschragout auftragen. Mit dem letzten Blätterteigstreifen abschließen. Das Ganze mindestens 2 Stunden kalt stellen und dann in Stücke schneiden. Dabei ist es hilfreich, wenn eine zweite Person mit zwei Teigkarten den Streifen in Form hält. Alternativ können die Blätterteigstreifen auch vor dem Füllen in die gewünschte Form geschnitten werden.

Vor dem Servieren z. B. ein Stück Papier als Abdeckung diagonal über den oberen Boden legen und die freie Seite mit Puderzucker bestauben.

Kirsch-Mille-Feuille

TIPPS

Besonders dekorativ ist ein Schachbrettmuster. Dafür wird die Creme mindestens 4 Stunden im Spritzbeutel kalt gestellt. Dann werden die Cremetupfer auf den beiden Blätterteigböden so aufdressiert, dass sich jeweils Creme und eine Kirsche schachbrettmäßig abwechseln.

Die Kirschen können statt mit Zimt auch wunderbar mit Süßholz verfeinert werden.

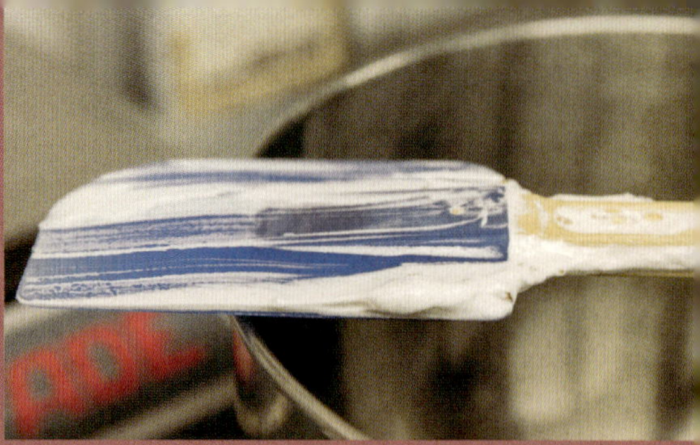

KÄSE KUCHEN

Beim Käse- gibt es wie beim Apfelkuchen eine große Schnittmenge zwischen professioneller Backstube und häuslicher Küche. Die Unterschiede werden aber schnell deutlich, denn in der Konditorei gelten andere Regeln als an der heimischen Kaffeetafel. „Es ist besonders wichtig, dass der Ring vor dem Backen mit einem dicken, nassen Papier oder nassen Lappen und einem zweiten, etwas größeren Ring umstellt wird, damit der Rand des Kuchens hell bleibt", heißt es im Lehrbuch. Außerdem darf der professionelle Kuchen niemals mit einem Teigrand gebacken werden.

In der Tradition haben wir uns für einen konventionell in der Springform gebackenen Käsekuchen aus Mürbeteig und einer Masse aus Quark, Zucker, Eischnee und Milch entschieden. Anschließend haben wir uns dem American Cheesecake angenähert, den Fettgehalt mit der Verwendung von Frischkäse statt Quark aus Geschmacksgründen deutlich erhöht und mit Himbeerkonfitüre und frischen Beeren eine fruchtige Komponente hinzugefügt.

Käsekuchen

TIPP

Der Mürbeteigboden dient vor allem dazu, dass der fertige Kuchen leichter umgesetzt werden kann.

FÜR 1 KUCHEN (Ø 26 CM)		ZUBEREITUNGSZEIT	ca. 1,5 h
Butter für die Form	650 g **Magerquark**	135 g **Zucker**	95 g **Weizenmehl** plus etwas mehr für die Teigbearbeitung
3 **Eier**	230 g **Vollmilch**	7 g **Salz**	**Vanilleextrakt oder -mark und/oder Abrieb einer unbehandelten Zitrone**
60 g **Rosinen**	**Puderzucker oder rote Grütze** (optional)		

Den Mürbeteig auf den Boden einer am Rand leicht gefetteten Springform legen und im auf 150 °C vorgeheizten Backofen (Umluft) ca. 20 Minuten blindbacken.

Den Quark in einer Rührschüssel glatt rühren. Dann die Hälfte des Zuckers und das Mehl zugeben und gut vermischen. Die Eier trennen und das Eiweiß beiseitestellen. Das Eigelb, die Milch, das Salz und die Vanille bzw. den Zitronenabrieb zugeben und glatt rühren. Das Eiweiß mit dem restlichen Zucker zu cremigem Eischnee schlagen und zusammen mit den Rosinen unter die Quarkmasse ziehen. Die Quarkfüllung auf den gebackenen Mürbeteig gießen und im auf 200 °C vorgeheizten Backofen (Umluft) 5 Minuten backen, dann die Temperatur auf 150 °C reduzieren und den Kuchen ca. 30–40 Minuten fertig backen. Als Garprobe den Kuchen anstoßen - die Quarkfüllung sollte nur noch leicht schwingen – oder eine Stäbchenprobe machen.

Aus dem Ofen nehmen, vom Rand lösen und in der Form auskühlen lassen. Alternativ kann man den Ring lösen, ein Backpapier auf die Oberfläche legen und mithilfe eines Kuchengitters den Kuchen auf den Kopf stellen und verkehrt herum auskühlen lassen.

Den Käsekuchen pur, mit Puderzucker bestaubt oder mit roter Grütze bedeckt servieren.

FÜR 1 KUCHEN (Ø 20 CM) ZUBEREITUNGSZEIT ca. 1h

Mürbeteigboden (siehe Rezept »Schwäbischer Apfelkuchen« Seite 18)	100 g **Himbeerkonfitüre**	310 g **Doppelrahmfrischkäse**	70 g **Zucker**
40 g **flüssige Sahne** (33–35 % Fettgehalt)	2 **Eigelb**	Abrieb **von ½ unbehandelten Zitrone**	90 g **Butter** plus etwas mehr für die Form
ca. 60 **Himbeeren**	**Zesten von 1 unbehandelten Zitrone**		

Eine Tarteform so auslegen wie im Rezept »Schwäbischer Apfelkuchen« (siehe Seite 18) beschrieben. Den Boden im auf 150 °C vorgeheizten Backofen (Umluft) 20 Minuten blindbacken. Dann aus dem Ofen nehmen und abkühlen lassen. 40 g Himbeerkonfitüre glatt rühren und ungleichmäßig auf dem noch warmen Boden verteilen.

Den Frischkäse in einer Rührschüssel glatt rühren, nach und nach die Sahne, das Eigelb sowie den Zitronenabrieb zugeben und untermischen. Die Butter in einer Schale über einem Wasserbad schmelzen und warm unter die Frischkäsefüllung rühren. Die Füllung auf dem Mürbeteigboden verteilen und den Kuchen für weitere 15–20 Minuten backen. Der Kuchen ist fertig, wenn die Füllung beim Anstoßen nur noch schwingt. Dann aus dem Ofen nehmen, ggf. sofort aus der Form lösen und komplett auskühlen lassen.

Die restliche Konfitüre (60 g) glatt rühren und zehn Himbeeren als Dekoration damit füllen. Den Rest auf die Oberfläche des Kuchens streichen. Die Himbeeren gleichmäßig darauf verteilen und die gefüllten Himbeeren mit den Zitronenzesten dekorativ platzieren.

Himbeer-Cheesecake

TIPP

Der Himbeer-Cheesecake schmeckt am besten, wenn er frisch und nur auf Raumtemperatur gekühlt ist.

LÜBCKER MARZIPAN TORTE

Obwohl wir uns hoch im Norden befinden, wenden wir den Blick kurz Richtung Süden, denn das Wort „Marzipan" geht auf den italienischen Begriff „marzapane" zurück. Damit bezeichnete man auf Sizilien, in Neapel und in der Provence einen kleinen Schmuckkasten, in dem die wertvolle Masse aus Mandeln und Zucker aufbewahrt wurde. Lübeck kam als Hansestadt durch den Handel zu Reichtum und es ist zu vermuten, dass Marzipan schon früh in der wohlhabenden Bürgerschaft bekannt war. Belegt ist die Herstellung seit dem 16. Jahrhundert, überregional bekannt wurde das Produkt etwa 300 Jahre später, seit 1996 ist die Bezeichnung „Lübecker Marzipan" europaweit als geschützte geografische Angabe registriert.

Der Lübecker Marzipantorte aus dem Hause Niederegger haben wir nichts hinzuzufügen. Nach dem Besuch haben wir uns Gedanken gemacht und ein kleineres Törtchen ausgedacht: eine Kuppel mit Haselnussüberzug und -sahne und Pralinéfüllung auf einem Boden mit einer Schicht Marzipan.

Lübecker Marzipantorte

FÜR 1 TORTE (Ø 24 CM)		*ZUBEREITUNGSZEIT* ca. 1 h	*RUHEZEIT* ca. 2 h
4 Eier	1 Prise Salz	155 g Zucker	Mark von 1 Vanilleschote
125 g Weizenmehl Type 405	1 TL Backpulver	80 g Sahnestandmittel	850 g flüssige Sahne (33–35 % Fettgehalt)
200 g Haselnusskerne gemahlen	350 g Marzipanrohmasse	12–14 Haselnusskerne	Puderzucker zum Ausrollen

FÜR DEN BISKUITTEIG die Eier trennen. Das Eiweiß mit 3 EL Wasser sowie dem Salz zu steifem Eischnee schlagen und dabei 100 g Zucker einrieseln lassen. Das Eigelb einzeln nacheinander, anschließend das Mark von ½ Vanilleschote unterrühren. Das Mehl und das Backpulver mischen, auf die Eimasse sieben und unterheben.

Eine Springform mit Backpapier auskleiden. Den Biskuitteig einfüllen, glatt streichen und im auf 175 °C vorgeheizten Backofen (Umluft) 20–25 Minuten backen. Auf einem Kuchengitter auskühlen lassen. Aus der Form lösen, Boden einmal waagerecht durchschneiden.

Für die Nusssahne 25 g Zucker, das restliche Vanillemark und das Sahnestandmittel mischen. 750 g Sahne steif schlagen und dabei die Zuckermischung einrieseln lassen. Anschließend die gemahlenen Nüsse unterheben. Den Tortenboden in eine Tortenform legen, die Nusssahne drauf verteilen und glatt streichen. Dann den Deckel auflegen. Die Torte 2 Stunden kühl stellen. Dann aus der Tortenform lösen.

FÜR DIE MARZIPANDECKE etwas Puderzucker auf eine Arbeitsfläche sieben und die Marzipanrohmasse weich kneten. Das Marzipan dann zwischen zwei Silikonarbeitsmatten kreisrund (Ø ca. 34 cm) ausrollen. Die Marzipandecke mithilfe der Silikonarbeitsmatte so auf die Torte legen, dass diese auch an den Seiten eingehüllt wird, und glatt streichen. Überstehende Ränder begradigen.

Die restliche Sahne (100 g) mit dem restlichen Zucker (30 g) steif schlagen und in einen Spritzbeutel mit Lochtülle füllen. Der Anzahl der Kuchenstücke entsprechende Sahnetupfen auf den Kuchen spritzen und diese mit den Haselnusskernen garnieren.

ANMERKUNG:
Dieses Rezept entspricht nicht dem nebenstehenden Foto. Es stammt aus dem Café Niederegger in Lübeck. Das Originalrezept ist ein Betriebsgeheimnis.

FÜR 8 KUPPELN (Ø 7CM) | ZUBEREITUNGSZEIT ca. 2 h | RUHEZEIT mind. 12 h

4 Blatt Gelatine	370 g flüssige Sahne (33–35 % Fettgehalt)	30 g Wasser	20 g flüssiger Honig
135 g Zucker	190 g gehackte weiße Kuvertüre	35 g Haselnusspaste	100 g Haselnusskerne gehackt
fertig gebackener Mandelbiskuit (siehe Rezept »Mandel-Zitronen-rolle« Seite 213)	160 g Marzipanrohmasse	Puderzucker zum Ausrollen	40 g Mandelmus
110 g Vollmilch	1 Eigelb	50 g Walnusskerne gleichmäßig gehackt	50 g temperierte dunkle Kuvertüre (60–70 % Kakaogehalt)
8 schöne, leicht geröstete Haselnusskerne			

FÜR DIE HASELNUSSGLASUR eineinhalb Blätter Gelatine 5 Minuten in kaltem Wasser einweichen. 120 g Sahne, das Wasser, den Honig und 35 g Zucker aufkochen. Die ausgedrückte Gelatine darin auflösen und die Kuvertüre untermischen. Das Ganze 2 Minuten stehen lassen und dann gut verrühren. Anschließend die Haselnusspaste unterrühren und die Glasur abgedeckt über Nacht kalt stellen.

FÜR DIE PRALINÉKERNE aus den Haselnusskernen und 70 g Zucker eine Pralinémasse herstellen, wie auf Seite 101 (»Frankfurter Schnitte«) beschrieben ist. Die Pralinémasse in kleine zylindrische oder halbkugelförmige Silikonformen (Ø 4 cm) füllen und mindestens 4 Stunden einfrieren.

Mit Ausstechringen (Ø 6,5 cm) acht Kreise aus dem Mandelbiskuitboden stechen und beiseitelegen. 160 g Marzipanrohmasse in acht Stücke à 20 g aufteilen und diese mit etwas Puderzucker etwas kleiner als die ausgestochenen Mandelbiskuitböden ausrollen. Die Biskuitscheiben mit etwas Mandelmus bestreichen und jeweils eine Marzipanscheibe darauf festkleben.

FÜR DIE WALNUSSMOUSSE die Milch in einem kleinen Topf aufkochen und vom Herd ziehen. Dann das Eigelb mit dem restlichen Zucker (30 g) in einer kleinen Schüssel vermischen und nach und nach in die heiße Milch rühren. Zweieinhalb Blätter Gelatine 5 Minuten in kaltem Wasser einweichen. Die Eiermilch über einem Wasserbad »zur Rose« abziehen. Die leicht angedickte Creme in eine saubere Schüssel umfüllen und die ausgedrückte Gelatine darin auflösen. Anschließend die Walnussstücke unterrühren. Die Creme dann auf ca. 28 °C abkühlen lassen und die restliche cremig-steif geschlagene Sahne (250 g) unterheben. Die Mousse in einen Spritzbeutel abfüllen und in Silikonkuppelformen dressieren. Dabei die Tülle in der Mitte der Form platzieren, dort belassen und durch Druck auf den Beutel bis ca. 1 cm unter den Rand der Form mit der Mousse füllen. So ist gewährleistet, dass die Mousse die Form vollständig ausfüllt und keine Luftblasen am Rand entstehen. Die gefrorenen Pralinékerne in die Mitte der Mousse drücken, dabei darauf achten, dass sie nicht zu tief eingedrückt werden, sonst schimmern sie später durch die Glasur. Dann die vorbereiteten Mandelbiskuitböden mit der Marzipanschicht nach unten auf die glatt gestrichene Oberfläche legen und leicht andrücken. Mindestens 4 Stunden einfrieren.

FÜR DAS SCHOKOLADENDEKOR aus einem flexiblen Stück Kunststoff einen Ring (Ø 3,5 cm, Höhe 2–3 mm) ausschneiden. Diesen auf ein Backpapier legen und mit einer Palette die Kuvertüre so darauf- bzw. darüber-

Lübecker Nusstörtchen

streichen, dass nach dem Abnehmen des Rings eine Schokoladenscheibe auf dem Backpapier ist. Sofort mittig je einen Haselnusskern auflegen. Es werden insgesamt acht Stück benötigt.

Die Haselnussglasur vor der Weiterverwendung wieder erwärmen und rühren, bis eine zäh fließende Konsistenz erreicht ist. Ein Kuchengitter auf ein sauberes Blech setzen. Die gefrorenen Kuppeln aus der Form nehmen, auf das Gitter setzen und mithilfe z. B. eines Messbechers die Glasur über die Törtchen gießen. Dabei die Glasur so lange über die einzelnen Törtchen gießen, bis sie komplett bedeckt sind. Abgelaufene Glasur kann vom Blech gestrichen werden, erneut erwärmt und dann wieder verwendet werden. Die glasierten Törtchen mit zwei Paletten vom Gitter auf die gewünschten Teller umsetzen. Vor dem Servieren die Törtchen ca. 1 Stunde auftauen lassen und mit dem Schokoladendekor garnieren.

TIPP

Anstatt Mandelmus kann auch z. B. Konfitüre zum Befestigen der Marzipanscheiben auf den Mandelbiskuitböden verwendet werden.

LÜBECKER NUSSTORTE / *CAFÉ NIEDEREGGER, LÜBECK*

MARZIPAN & HASELNUSS

Obwohl wir uns hoch im Norden befinden, wenden wir den Blick kurz Richtung Süden, denn das Wort „Marzipan" geht auf den italienischen Begriff „marzapane" zurück. Damit bezeichnete man auf Sizilien, in Neapel und in der Provence einen kleinen Schmuckkasten, in dem die wertvolle Masse aus Mandeln und Zucker aufbewahrt wurde. Lübeck kam als Hansestadt durch den Handel zu Reichtum und es ist zu vermuten, dass Marzipan schon früh in der wohlhabenden Bürgerschaft bekannt war.

Marzipan ist ein wichtiger Bestandteil vieler Torten und Gebäckstücke und findet in diesem Buch nicht nur in der Lübecker Nusstorte Verwendung. Die Mischung aus gemahlenen Mandeln und Zucker verleiht Stabilität, ist gut formbar und haltbar. Neben Lübeck war in der Vergangenheit auch Königsberg ein Zentrum der Marzipankultur. Alleinstellungsmerkmal war dort vor allem kleineres Konfekt, das abgeflämmt wurde. Diese Tradition ist heute aber nahezu ausgestorben. Es liegt daher nahe, sich dem Thema vor Ort in Norddeutschland zu widmen. Denn in der Hansestadt Lübeck ist die Produktion von Marzipan seit dem Jahr 1530 belegt, seit 1996 hat das Produkt den Status einer geschützten geografischen Herkunftsbezeichnung (g. g. A.).

Ein weitere wichtige Zutat dieser „Signature-Torte" ist die Nuss. Der Haselstrauch ist in Mitteleuropa und Kleinasien heimisch und seit der mittleren Steinzeit nachweisbar Teil der menschlichen Nahrung. Angebaut wird allerdings vor allem die mit der Gemeinen Hasel verwandte Lambertshasel, die ertragreich, aber auch kälteempfindlicher ist. Daher finden sich die meisten Plantagen im Norden Anatoliens. In der Backstube findet die Nuss vor allem in gerösteter Form Verwendung, etwa als Praliné und als Krokant oder sie wird mit Schokolade zu Nougat verarbeitet.

KONDITOREI NIEDEREGGER

Die Konditorei Niederegger existiert unter diesem Namen bereits seit 1806 und ist nach dem berühmten Holstentor eine der wichtigsten Attraktionen der Stadt an der Trave. Sie wurde 1806 von Johann Georg Niederegger gegründet und befindet sich nach wie vor in Familienbesitz. Doch der Betrieb hat sich längst über das Traditionscafé hinaus entwickelt, vor den Toren der Stadt werden täglich bis zu 30 Tonnen Marzipan produziert und in über 40 Länder exportiert.

REPORTAGE

Wir sind vor dem Stammhaus verabredet, einem eleganten und behutsam renovierten Gebäude in bester Lage gegenüber dem historischen Rathaus. Über den Kästen mit den roten und weißen Geranien im ersten Stock wehen Fahnen aus aller Welt. Die Sonne scheint und das erste Touristengrüppchen wartet bereits geduldig auf Einlass. Vorbei an den Kuchentheken und Regalen mit Souvenirs aus Marzipan geht es zum Lift. Alles im Haus ist auf das zentrale Produkt abgestimmt, sogar die Rufknöpfe auf den Etagen haben die typische Form des eingewickelten Konfekts. Wir fahren, so weit der Aufzug kommt, steigen aus und laufen noch eine letzte Treppe, denn die Backstube befindet sich ganz oben, gewissermaßen auf Augenhöhe mit dem Dach des Rathauses gegenüber.

Der Backstubenleiter heißt Weichbrodt, Roland Weichbrodt. Ein Name wie aus einem Roman. Gerade ist er noch im Haus unterwegs. Wir warten in einem kleinen verglasten Kontor am Eingang, von dem aus man alles überblicken kann. Die vielen Fenster sind weit geöffnet, um diese Uhrzeit ist das Gröbste schon geschafft und hier und da sind die Mitarbeiterinnen und Mitarbeiter schon mit dem Aufräumen beschäftigt.

Der Chef ist wieder da. Er trägt eine weiße Arbeitsjacke mit roten Knöpfen, eine schwarz-weiß karierte Hose und spricht mit einem dezent norddeutschen Akzent. Seit 1974 arbeitet er hier im Haus. Nach der Ausbildung ging es zwischenzeitlich mal zum Wehrdienst, danach aber gleich wieder zurück. Es folgten der Meisterbrief und ein Posten als Stellvertreter.

Als sein Vorgänger plötzlich verstirbt, fragt ihn die Chefin, ob er nicht Interesse habe, sich zu bewerben. „Es reicht, wenn Sie nicken", hieß es damals. Das war 1997, im Dienst sei er immer noch, erzählt er lachend.

In seinem Büro hängt ein hauseigener Kalender: „Aus Liebe. Seit 1806" steht dort zu lesen. Die Firma ist nach wie vor in Familienhand – in der achten Generation. Die ist eigentlich auch schon im pensionsfähigen Alter, aber nach wie vor in der Geschäftsführung tätig. Aus Liebe vermutlich.

Herr Weichbrodt führt uns durch sein Reich. Es ist warm hier, trotz der geöffneten Fenster, und es duftet nach wie vor angenehm nach Kuchen. „Hier vorne ist der Tortenbereich", erklärt er. Wir blicken auf eine große Zahl frisch gespülter Tortenringe. „Wenn es hier richtig brummt, dann steht hier kein Ring mehr." Der Tagesbedarf an bereits ausgarnierten Torten befindet sich im Kühlschrank, von hier aus geht alles in die unterschiedlichen Filialen. „Das sind die Böden für die Herrentorten", sagt Herr Weichbrodt, „die stehen noch über Nacht. Der Mürbeteig wird dann erst morgen gebacken."

Um fünf geht es hier in der Backstube los, er selbst fängt aber früher an und macht den Arbeitsplan. Heute etwa stehen 220 Mini-Nussschnitten auf dem Programm. An der Wand hängt ein Katzenkalender mit den Geburtstagen der Mitarbeiterinnen und Mitarbeiter. Auf einem Tisch stehen noch die Reste eines kleinen Geburtstagsfrühstücks. „Das gibt es aber auch nicht jeden Tag", sagt der Chef. 30 Köpfe zählt sein Team, inklusive der Auszubildenden. Die Fluktuation hält sich in Grenzen. Gearbeitet wird sieben Tage in der Woche. Lediglich zwei Tage im Jahr wird nicht produziert – am zweiten Weihnachtsfeiertag und am 1. Januar. Heute ist aber ein sogenannter kurzer Tag und spätestens um zwölf Uhr ist Schluss. „Bei dem Wetter wollen alle nach Travemünde", sagt Herr Weichbrodt und schaut ein wenig sehnsüchtig aus dem geöffneten Fenster.

Früher gab es hier auf der Lübecker Altstadtinsel 136 Betriebe, in denen Marzipan hergestellt wurde. Davon ist nicht mehr viel übrig. Während die Niederegger-Backstube in der Innenstadt geblieben ist, ist die hauseigene Marzipanproduktion längst schon auf die grüne Wiese gezogen. 80 % der Ware wird in Deutschland verkauft, das Niederegger-Marzipan wird aber insgesamt in über 40 Länder exportiert. Der größte Abnehmer im Ausland ist Großbritannien, in den USA wird Marzipan oft mit Fondant verwechselt, für China und Japan werden deutsche Produkte immer spannender. Auch in Frankreich und in Spanien gibt es Marzipan, das ist dort aber klebriger.

Hier liegt der Zuckeranteil der Rohmasse bei ein Drittel Zucker auf zwei Drittel Mandeln, damit wird die höchste Qualitätsstufe erreicht. Ein gleichbleibendes Produkt herzustellen, ist dennoch immer eine Herausforderung. So werden etwa die Mandeln immer süßer, weil die Bittermandelnoten weggezüchtet werden und die Rohstoffpreise schwanken. Da ist die Versuchung groß, die Rezeptur zu ändern. Aber das kommt im Traditionsunternehmen nicht infrage. „Es wird immer wieder mal behauptet, dass unsere Tortenstücke kleiner werden", erzählt Roland Weichbrodt, „auch das stimmt nicht, es werden nach wie vor sechzehn Stücke aus einer Torte geschnitten."

Ob man im Haus auch schon mal über eine Veränderung nachgedacht habe, wollen wir wissen, oder ob die Lübecker Marzipantorte einfach so bleiben muss, wie sie ist. „Wir haben das mal versucht", erinnert sich der Backstubenleiter, „danach gab es aber einen regelrechten Shitstorm und wir haben das ganz schnell wieder sein gelassen. Da sind unsere Kunden wohl doch eher konservativ." Er macht sich daran, die Torte für uns einzusetzen, wie man in der Konditorensprache sagt. Eine großzügige Portion Marzipan wird mit ein bisschen Weizenpuder abgestaubt und geht einmal durch die Walzmaschine.

Herr Weichbrodt pfeift gut gelaunt, verschwindet kurz und kommt mit einem Hörnchen Sahne zurück, um uns das Einstreichen der Torte zu demonstrieren. „Wenn man nur alle Jubeljahre rangeht, muss man sich erst einmal wieder zurechtfinden." So ganz stimmt das nicht, denn mindestens einmal in der Woche ist er am Tagesgeschäft beteiligt.

Gekonnt schlägt er die Marzipandecke über die zusammengesetzten Böden, drückt mit einer Schablone die Schnittvorgaben in die Masse und dekoriert mit kleinen Sahnerosetten und gerösteten Haselnüssen.

„Sechzehn Stücke", sagt er, „so wie das immer schon war."

MARGARE KUCHEN

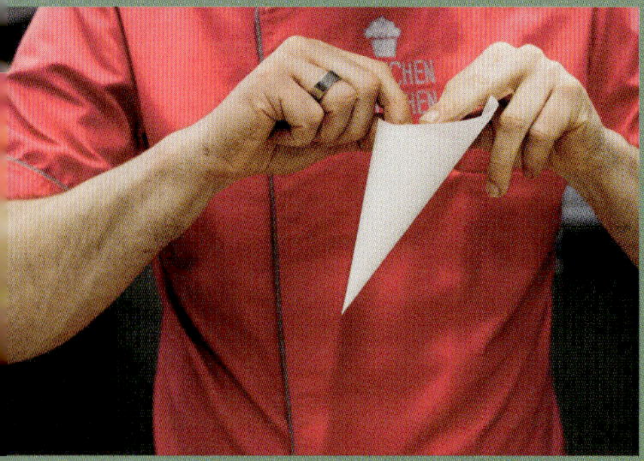

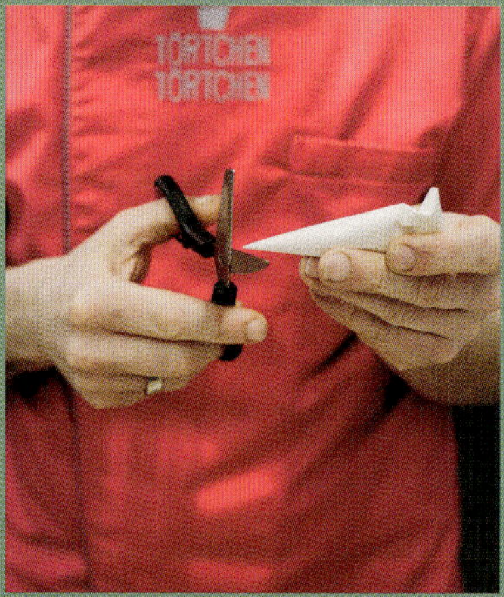

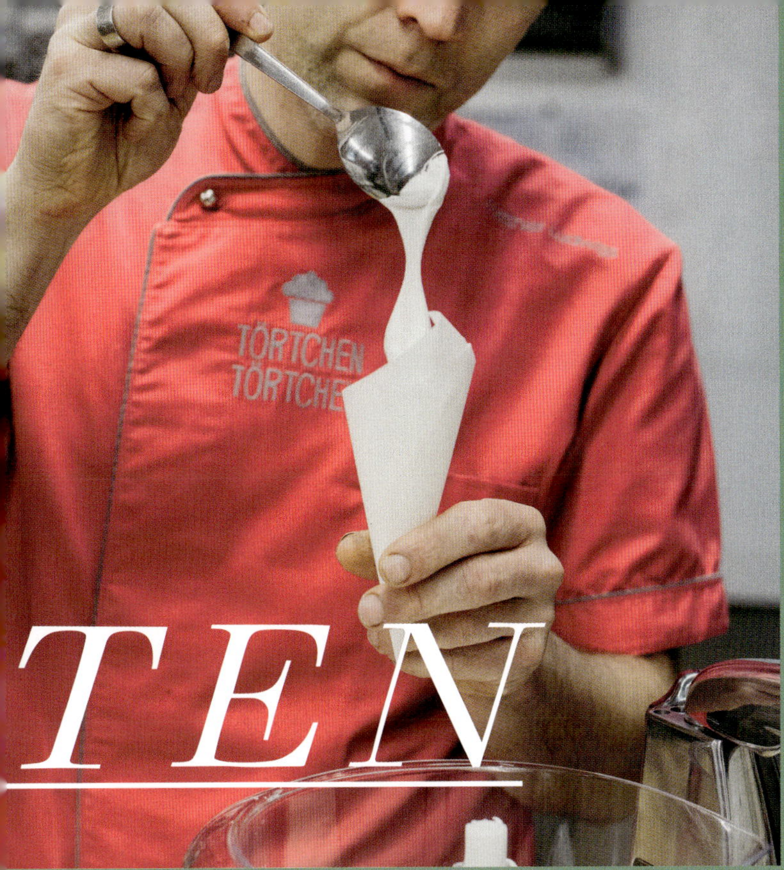

Dieser hübsche Kuchen, in einer speziellen Blütenform gebacken, ist angeblich eine Kölner Erfindung. Das lässt sich aber leider, wie so oft, nicht mehr überprüfen. In der Literatur findet sich allenfalls eine Margeritentorte mit Arrakbuttercreme und den namensgebenden Blumen aus Marzipan.
Das Besondere des Margaretenkuchens hingegen ist eigentlich nur seine Gestalt und die weiße Glasur nach dem Backen. Sicher ist, dass er in den meisten Konditoreien der Domstadt zu finden ist.
An diese schlichte Grundform haben wir uns gehalten und eine Masse mit Mandeln und Marzipan gebacken, aprikotiert und mit weißem Spritzguss versehen. Für die Neuschöpfung haben wir den Teig mit gemahlenen Pistazien und Orangenblütenwasser aromatisiert. Viel entscheidender aber ist das Aufgreifen des Sharing-Prinzips durch das Zusammenfügen von insgesamt sechs einzelnen Elementen. Die Dekoration mit Blütenblättern aus weißer Schokolade und einer Praline hebt den flachen Kuchen in die dritte Dimension.

Margaretenkuchen

FÜR 2 KUCHEN (2 MARGARETENBACKFORMEN, Ø 17CM, HÖHE 3,5 CM) — ZUBEREITUNGSZEIT ca. 1 h

225 g **Marzipanrohmasse**	155 g **Zucker**	6 **Eigelb**	3 **Eier**
100 g **Milch**	175 g **Weizenmehl Type 405** gesiebt plus etwas mehr für die Backformen	80 g **Butter** plus etwas mehr für die Backformen	100 g **Aprikosenkonfitüre** ohne Stückchen
10 g **Wasser**	20 g **Eiweiß**	100 g **Puderzucker** gesiebt	10 **Pistazienkerne**

185 g Marzipanrohmasse in der Mikrowelle kurz anwärmen, dann kann sie leichter verarbeitet werden. Dann mit 135 g Zucker in die Rührschüssel der Küchenmaschine füllen, ein Eigelb zugeben und glatt rühren. Dabei ggf. die Maschine ausstellen und mit dem Gummischaber etwas nachhelfen. Anschließend das restliche Eigelb, die Eier und die Milch nach und nach zugeben. Dabei langsam einarbeiten, damit sich keine Marzipanklümpchen bilden. Dann den Marzipanteig 2–3 Minuten kräftig aufschlagen. Danach das Mehl unterziehen. Die Butter in einer Schale über einem Wasserbad schmelzen und warm unterrühren.

Die Backformen sorgfältig mit Butter bepinseln und mit Mehl bestauben. Den Teig auf die beiden Formen verteilen und im auf 160 °C vorgeheizten Backofen (Umluft) ca. 30–35 Minuten backen. Zur Überprüfung, ob sie fertig gebacken sind, die Stäbchenprobe machen.

Anschließend die Kuchen 5 Minuten in der Form auskühlen lassen und dann auf ein Kuchengitter stürzen.

Die Aprikosenkonfitüre mit dem restlichen Zucker (20 g) sowie dem Wasser in einem kleinen Topf aufkochen und ca. 1–2 Minuten köcheln lassen. Die ausgekühlten Kuchen dünn mit der heißen Konfitüre (»Aprikotur«) bepinseln. Das Eiweiß und den Puderzucker mit dem Handrührgerät so lange aufschlagen, bis eine dicke Glasur entstanden ist. Diese in einen Spritzbeutel umfüllen und die Kuchenform exakt mit Glasur überziehen. Die restliche Marzipanrohmasse (40 g) ausrollen und zwei kleine Platten formen. Diese etwas mit einem Spieß mehrmals einstechen und mittig auf die Kuchen legen. Mit den Pistazien dekoriert servieren.

FÜR 2 KUCHEN (SILIKONFORMEN IN HERZFORM, Ø CA. 5CM) ZUBEREITUNGSZEIT ca. 2 h RUHEZEIT mehrere h

200 g temperierte weiße Kuvertüre plus etwas mehr zum Dekorieren	2 Eier	4 Eigelb	170 g Zucker
65 g Pistazienpaste	20 g Mandelkerne gemahlen	70 g Orangensaft	5–10 g Orangenblütenwasser (optional)
2 g Salz	120 g Weizenmehl Type 405 gesiebt	55 g flüssige Butter	2 Kugeln weiße Schokoladentrüffel
100 g Aprikosenkonfitüre ohne Stückchen			

FÜR DIE BLÜTENBLÄTTER vier Streifen Backpapier (10 cm breit) vorbereiten und an die Kante der Arbeitsfläche legen. Die Kuvertüre in ein möglichst hohes, schmales Gefäß geben. Ein langes, spitzes Messer ca. 8 cm tief eintauchen, herausziehen und die Kuvertüre etwas ablaufen lassen. Dafür ein- bis zweimal mit dem Messerrücken auf die Gefäßkante klopfen und den Messerrücken daran abstreifen. Die mit Kuvertüre bedeckten flachen Seiten des Messers auf das Backpapier legen bzw. abstreifen, um einzelne »Blütenblätter« entstehen zu lassen. So verfahren, bis mindestens 30 Blätter vorhanden sind. Sobald ein Backpapier mit Blättern voll ist, dieses in eine halbrunde Form (z. B. Terrinen-Form) legen, damit sie gebogen trocknen. Die Blätter mindestens 1 Stunde erstarren lassen, besser noch über Nacht.

FÜR DIE HERZEN die Eier, das Eigelb, 150 g Zucker, die Pistazienpaste, die Mandeln, 60 g Orangensaft, das Orangenblütenwasser und das Salz in der Rührschüssel einer Küchenmaschine ca. 5 Minuten dickcremig aufschlagen. Dann erst das Mehl und dann die Butter unter den Teig ziehen.

Die Silikonformen auf ein Blech stellen und den Teig gleichmäßig in zehn Herzen einfüllen. Die Herzen im auf 170 °C vorgeheizten Backofen (Umluft) ca. 15–20 Minuten backen. Nach dem Backen 5 Minuten in der Form auskühlen lassen, dann aus der Form stürzen. Dabei darauf achten, ob die Oberfläche der Herzen eben ist. Gegebenenfalls zuschneiden.

FÜR DIE BLÜTENDEKORATION einen Tupfer temperierte weiße Kuvertüre auf ein Backpapier geben und fünf kleinere Blütenblätter kreisförmig darin arrangieren bzw. aufstellen. Am Ende die Trüffelkugel in die Mitte setzen. Sie sollte dafür sorgen, dass die Blätter aufrecht stehen bleiben. Die Blüte vollständig aushärten lassen.

Die Konfitüre, den restlichen Zucker (20 g) und den restlichen Orangensaft (10 g) in einem kleinen Topf 1–2 Minuten kochen lassen. Die einzelnen Herzen rundherum mit der heißen Glasur bepinseln und auf ein Backpapier setzen. Auf jedes Herz ein einzelnes, größeres Schokoladenblütenblatt setzen und jeweils fünf Herzen zu einem »Kuchen« auf einer Platte zusammenstellen. Die zusammengesetzte Schokoladenblüte in die Mitte setzen, es sollte im Ganzen wie eine Blüte wirken.

Pistazienblüte

TIPP

Um die einzelnen Stücke besser bewegen zu können, können sie zusätzlich noch mit Fondant überzogen oder am Rand mit gehackten Pistazien bedeckt werden.

PRINZ REGENTE TORTE

N

Die Torte ist nach Luitpold Karl Joseph Wilhelm von Bayern benannt, der von 1886 bis 1912 die Regierungsgeschäfte für seinen Neffen Otto I. wahrnahm. Luitpold war in der Bevölkerung beliebt und insbesondere München kann während seiner Regentschaft eine kulturelle Blüte verzeichnen. Nach dem Prinzregenten sind auch Denkmäler, Schulen und Cafés benannt, es ist aber vor allem die Torte, die heute in ganz Deutschland an ihn erinnert.

An das Original aus der Konditorei Erbshäuser wollen wir uns selbstredend nicht heranwagen und die einzigen grundlegenden Veränderungen sind die Größe des Törtchens sowie die Reduzierung auf vier statt acht Böden. Dieses Manko haben wir aber geschwind durch die Umrisse des heutigen Freistaats in der Dekoration wieder ausgeglichen.

Prinzregententorte

FÜR 1 TORTE (Ø 24 CM) *ZUBEREITUNGSZEIT* *ca. 2 h*

200 g Weizenmehl Type 405	110 g Maisstärkemehl	1 TL Backpulver	500 g Butter
325 g Zucker	1 TL Vanilleextrakt	1 Prise Salz	5 Eier
100 g dunkle Kuvertüre (60–70 % Kakaogehalt)	50 g Kokosfett	500 ml Vollmilch	etwas brauner Rum (optional)
400 g temperierte dunkle Kuvertüre (60–70 % Kakaogehalt)			

FÜR DIE BÖDEN das Mehl, 50 g Stärkemehl und das Backpulver in eine Schüssel sieben. 250 g Butter in der Rührschüssel der Küchenmaschine schaumig rühren. Dann 250 g Zucker, das Vanilleextrakt und das Salz portionsweise unterrühren. Anschließend die Eier nacheinander jeweils ca. 1 Minuten unterrühren. Die Mehlmischung nach und nach sorgfältig untermischen. Die Kuchenform mit Backpapier auskleiden und etwa ein Sechstel des Teigs (ca. 3 EL) einfüllen und glatt streichen. Den ersten Boden im auf 180 °C vorgeheizten Backofen (Ober-/Unterhitze) 7–8 Minuten goldbraun backen. Den Boden herausnehmen, aus der Form lösen und mit dem restlichen Teig ebenso verfahren. Am Ende sollten sechs Böden entstanden sein. Die Böden vor der Weiterverarbeitung vollständig auskühlen lassen.

FÜR DIE SCHOKOLADENBUTTERCREME die 100 g Kuvertüre klein hacken und das Kokosfett in Würfel schneiden. Die restliche Speisestärke (60 g) mit 50 ml Milch glatt rühren. Die restliche Milch (450 ml) mit dem restlichen Zucker (75 g) aufkochen. Die Speisestärke einrühren und unter Rühren erneut aufkochen lassen. Die Creme vom Herd ziehen und die Kuvertüre und das Kokosfett unterrühren. Nach Wunsch mit etwas Rum aromatisieren. Die Creme weiterrühren, bis alles aufgelöst ist, und dann mit etwas Frischhaltefolie abgedeckt abkühlen lassen. Dann die Creme durch ein Sieb streichen und glatt rühren. Anschließend die restliche, zimmerwarme Butter (250 g) aufschlagen und nach und nach die Creme unterrühren.

Den untersten Tortenboden auf eine Kuchenplatte mit passendem Tortenring legen. Die Buttercreme in einen Spritzbeutel umfüllen und eine dünne Schicht auftragen und glatt streichen. Anschließend die weiteren Böden auflegen und immer wieder eine dünne Buttercremeschicht auftragen. Als letzte Schicht die Creme komplett auftragen. Dann den letzten Boden auflegen und etwas andrücken. Die Torte anschließend mit der temperierten dunklen Kuvertüre komplett überziehen.

FÜR 8 TÖRTCHEN (Ø 8 CM, HÖHE 2 CM)		ZUBEREITUNGSZEIT ca. 2 h	RUHEZEIT mehrere h
345 g temperierte dunkle Kuvertüre (65–75 % Kakaogehalt)	3 Eier	70 g Zucker	65 g Weizenmehl Type 405 gesiebt
205 g Butter	20 g Puderzucker gesiebt	1 EL Backkakaopulver	
4 Blatt Backpapier (40 × 40 cm)	2 Bögen feste, glatte Folie (40 × 40 cm)	Deko-Papierschablone (Ø 4 cm, z. B. Umriss Bayern)	

FÜR DIE SCHOKOLADENPLÄTTCHEN 220 g Kuvertüre temperieren. 70 g Kuvertüre auf ein Blatt Backpapier (40 × 40 cm) streichen, mit einem weiteren Blatt Backpapier bedecken und mit einem Teigroller auf 35 × 35 cm ausrollen. Dann mit einem Ausstecher (7,5 cm) durch das Deckblatt hindurch Kreise ausstechen. Mit weiteren jeweils 70 g Kuvertüre mit dem restlichen Backpapier bzw. Folienbögen ebenso verfahren. Es werden insgesamt 24 Schokoladenplättchen von den Backpapierbögen und acht von den Folien benötigt. Die Kuvertüre so lange wie möglich zwischen den Papieren bzw. den Folien lassen. Am einfachsten auf ein umgedrehtes Backblech legen und in einem kühleren Raum für 1–2 Stunden stehen lassen. Die Schokoladenplättchen vor der Weiterverarbeitung vom Backpapier ablösen, indem das Papier von einer Seite abgezogen wird. Sollten die Plättchen noch fest an der anderen Seite haften, das abgezogene Papier wieder locker auflegen, beides gemeinsam umdrehen und dann das andere Papier abziehen.

FÜR DIE BÖDEN die Eier trennen, das Eiweiß in einer separaten Rührschüssel beiseitestellen. Das Eigelb in einer Rührschüssel mit 25 g Zucker cremig aufschlagen. Das Eiweiß mit 45 g Zucker zu cremigem Eischnee schlagen. Davon ein Drittel unter den Eigelbschaum ziehen. Den restlichen Eischnee dann zugeben und unterheben, dabei nach und nach das Mehl zugeben. 80 g Butter über einem Wasserbad schmelzen und 1 guten EL Teig in die Butter einrühren. Dann die Butter unter den Teig ziehen. Den Teig für zwei sehr dünne Kuchenböden gleichmäßig auf zwei mit Backpapier ausgekleidete Backbleche verstreichen. Beide Backbleche im auf 190 °C vorgeheizten Backofen (Umluft) ca. 5–6 Minuten unter Sichtkontrolle goldgelb backen. Die Böden auf dem Backpapier zum Auskühlen auf ein Kuchengitter ziehen. Aus den ausgekühlten Böden Kreise (Ø 7,5 cm) ausstechen.

FÜR DIE SCHOKOBUTTERCREME die restliche, zimmerwarme Butter (125 g) mit dem Puderzucker hell-cremig aufschlagen. Dann die restliche, flüssige Kuvertüre (125 g) auf ca. 30–35 °C temperieren und nach und nach unterrühren. Die Creme dann in einen Spritzbeutel mit Lochtülle füllen.

Die Schokoladenplättchen aus den Backpapieren bereitlegen. Acht Anrichteringe (Ø 8 cm, Höhe 2 cm) auf ein mit Backpapier ausgekleidetes, flaches Blech stellen. Jeweils einen ausgestochenen Kuchenboden einlegen. Mit dem Spritzbeutel eine sehr dünne Cremeschicht auftragen, diese muss nicht deckend sein. Jeweils ein Schokoladenplättchen auflegen und mit einem Stampfer fest andrücken, dadurch wird die darunterliegende Creme verteilt und am Rand etwas hochgedrückt. Mit den drei weiteren Kuchenböden und zwei weiteren Schokoladenplättchen ebenso verfahren. Auf den letzten Kuchenboden erneut Schokobuttercreme auftragen und glatt streichen. Die Törtchen 1–2 Stunden kalt stellen. Es sollte noch Creme übrig sein, diese nicht kalt stellen. Anschließend die Törtchen aus den Ringen lösen, indem die Ringe von außen mit einem angefeuchteten Tuch angewärmt werden. Etwas Kakaopulver über die Törtchen sieben. Mit der restlichen Creme jeweils drei kleine Tupfen auf die Törtchen dressieren. Dann die Schokoladenplättchen, die sich zwischen den Folienbögen befinden, vorsichtig ablösen und auf die Cremetupfen setzen. Die Deko-Schablone auflegen und etwas Kakaopulver dünn darübersieben.

Törtchen »Der kleine Prinz«

TIPP

Da die Böden sehr dünn sind, können sie sehr fragil sein. Zur Stabilisierung kann vor dem Ausstechen eine dünne Schicht der Schokocreme aufgestrichen und der Boden dann ca. 15 Minuten kalt gestellt werden.

PRINZREGENTEN-TORTE / *KONDITOREI ERBSHÄUSER, MÜNCHEN*

PRINZREGENTENTORTE

Die Prinzregententorte besteht aus dünnen Biskuitböden und Schokoladenbuttercreme und wird mit kakaohaltigem Fondant überzogen. Sie wurde 1886 in der Münchner Konditorei erstmals anlässlich des 65. Geburtstages des Prinzregenten Luitpold dem bayerischen Publikum vorgestellt. Danach folgte eine deutschlandweite Karriere. Der Klassiker ist damit ein anschauliches Beispiel für die Erfindung gutbürgerlicher Rezepte im ausgehenden 19. Jahrhundert.

Luitpold Karl Joseph Wilhelm von Bayern nahm von 1886 bis 1912 die Regierungsgeschäfte für seinen Neffen Otto I. wahr, war in der Bevölkerung beliebt und insbesondere München kann während seiner Regentschaft eine kulturelle Blüte verzeichnen. Nach dem Prinzregenten sind auch Denkmäler, Schulen und Cafés benannt, es ist aber vor allem die Torte, die heute in ganz Deutschland an ihn erinnert.

Ursprünglich hatte die Prinzregententorte acht Böden, für jeden bayerischen Regierungsbezirk einen. Als mit der Gründung von Rheinland-Pfalz ein Jahr nach dem Krieg das linksrheinische Territorium wegfiel, blieben noch sieben übrig und der Aufbau der Torte wurde angepasst.

KONDITOREI ERBSHÄUSER

Die Konditorei wurde 1875 von Heinrich Georg Erbshäuser gegründet und erhielt 1890 den Titel „königlich bayerischer Hoflieferant", der heute um den Zusatz „ehemals" ergänzt ist. 1938 verstarb der letzte Erbshäuser-Mann, sechs Jahre später wurde das Haus ausgebombt und nach Kriegsende verkauften Mutter und Tochter zunächst aus einem Behelfsraum heraus. Letztere führte die Konditorei noch bis 1995. Seit 2017 wird die Konditorei, nach mehrjähriger Verpachtung, wieder von der Familie geführt und Geschäftsführerin Gerti Karmann ist die Urenkelin des Gründers.

„Sie werden bei uns aber keine Schlagzeilen finden", sagt Gerti Karmann am Telefon. „In den 140 Jahren, die es uns gibt, ist eigentlich nicht viel passiert. Es wurde halt gearbeitet." Glücklicherweise sind wir nicht auf der Suche nach Sensationen, solides Handwerk ist schon spektakulär genug, aber Frau Karmann möchte ganz sicher sein. „Also so eine Geschichte wie: Der Prinzregent hat die Torte geholt, ist gestolpert und mit dem Gesicht reingefallen – so etwas gibt es bei uns nicht."

Ein paar Wochen später, an einem sonnigen Tag im Juni, klopfen wir wie besprochen am Fenster der Backstube in der Glückstraße 1. Frau Karmann öffnet die Türe und führt uns ins Café. Um diese Zeit ist es hier noch leer. Wir sehen uns um, während wir auf den Kaffee warten. Nur die Bestuhlung – klassisches Kaffeehaus – ist neu, ansonsten ist die Einrichtung seit 1958 unverändert geblieben. Große schwarz-weiße Fotos an der Wand lassen erahnen, wie das damals aussah. „Conditorei" und „Chocoladenfabrik" steht in großen Lettern neben der Türe. „Das Geschäft hat sich getragen – mit der Prinzregententorte und mit Pralinen", erklärt die Chefin. „Heute machen wir keine Pralinen mehr. Um das richtig zu machen, haben wir nicht genug Platz."

Die Konditorei gibt es seit mehr als 150 Jahren. 20 Jahre lang war der Betrieb zwischendurch verpachtet, dann wurde überlegt, wie es weitergehen soll. „Es gab Bewerber, die wollten hier After-Work-

Partys stattfinden lassen", erzählt Gerti Karmann, „da saß ich hier, habe den Duft aus der Backstube gerochen und gedacht: Das geht nicht, das gehört doch zur Familie." Kurzerhand beschließt sie, fachfremd ins kalte Wasser zu springen, auch wenn ihr Mann und ihre Söhne erst einmal skeptisch waren. „Man muss das gerne machen, mit Leidenschaft", sagt sie, „ aber es ist keine Goldgrube." Fotografiert werden möchte sie aber trotzdem nicht. Da hält sie es ganz mit den Generationen vor ihr. „Die Erbshäuser-Frauen haben sich nie fotografieren lassen, da bin ich ganz traditionell."

An den Pfingstrosen auf der Theke vorbei führt sie uns in die Backstube. „Das Team fängt um sechs oder um sieben an, das können sie selbst entscheiden. Mir ist erst einmal wichtig, dass die Arbeit zufriedenstellend erledigt wird." Der Betrieb hat derzeit zehn Mitarbeiterinnen und Mitarbeiter, zwei davon in der Backstube, die anderen acht im Laden. In der Backstube scheppert Kylie Minogue aus dem Radio. Konditormeisterin Dominika wartet bereits auf uns. Zusammen mit ihrem Kollegen und Konditormeister Manfred ist sie verantwortlich für alles Gebäck, das hier im Haus verkauft wird. Es ist angenehm warm hier und es riecht nach Schokolade. Wie lange wir bleiben, werden wir gefragt. „Wir haben Zeit", versichern wir, denn wann hat man schon mal die Möglichkeit, die Herstellung einer deutschlandweiten Spezialität an dem Ort zu begutachten, an dem sie erfunden wurde!

„Wir backen die Böden, lassen die über Nacht stehen und machen dann am nächsten Tag die Torten fertig", erklärt uns die junge Frau. Die Produktion verläuft immer nach Bedarf, es gibt keine feste Anzahl an Prinzregententorten, die pro Woche gebacken werden. Am Kühlschrank hängt eine handgeschriebene Liste mit Bestellungen: 15 Mandelhörnchen, 20 Nougatringe und 23 Schweineohren. Außerdem einmal Zuger Kirsch, eine große Prinzregententorte mit der Aufschrift „Vincent 35" und eine reguläre in einer Holzkiste. Unter der Woche gibt es größeren Bedarf an eher einfacherem Gebäck, die Torten gehen besser am Wochenende.

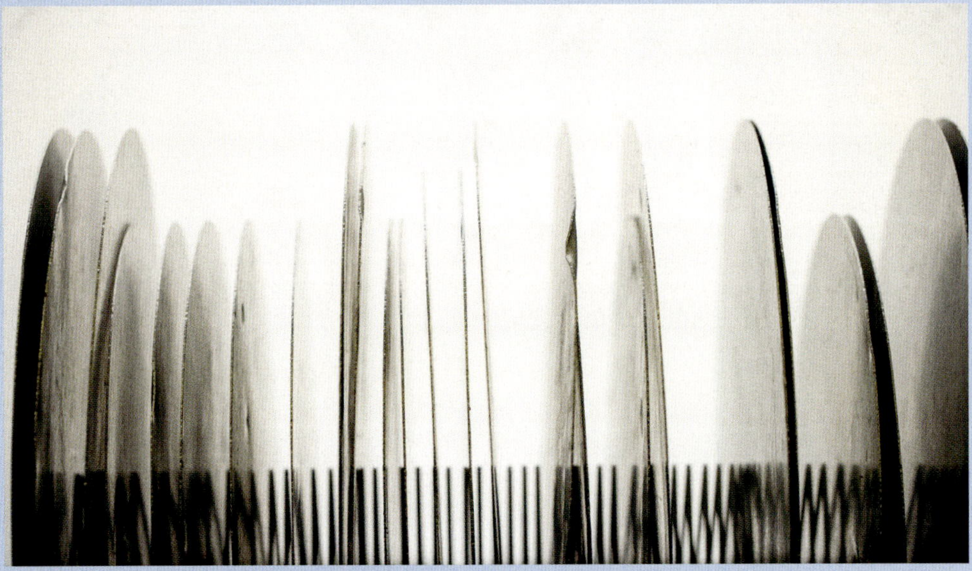

Eine Kollegin aus dem Service beginnt ihre Schicht und wird von der Konditorin mit einer freudigen Umarmung begrüßt. „Wir sind halt ein Familienbetrieb", lacht Gerti Karmann, „die Mädchen hier sind wie meine Töchter."

Die Konditorin gibt etwas Teig auf ein leicht bemehltes Papier, setzt einen Metallring darauf und streicht die Masse mit der Winkelpalette gleichmäßig aus. Nach und nach werden die Böden gebacken. Nicht alle sind gleichmäßig gefärbt. Auch das gehört zum Original dazu. Einmal ausgekühlt, werden sie mit Creme bestrichen und aufeinandergestapelt. Sieben Stück an der Zahl, einen für jeden Regierungsbezirk im Freistaat. „Es gibt Gäste, die nachzählen", lacht Gerti Karmann. „Außerdem darf das Ergebnis nicht höher als vier Zentimeter sein."

Sie hält zum Beweis ein großes Lineal an die Torte vor ihr. Man kann sehen, dass in diesem Raum seit vielen Jahrzehnten gearbeitet wird. Es gibt alte Werkzeuge, die

offensichtlich mindestens einen Krieg überstanden habe. Eine Art gusseisernen Deckel etwa, der auf die Böden gelegt wird, um alle auf die gleiche Höhe zu bringen. Mit einem scharfen Messer schneidet Dominika um das Metall herum. Die Abschnitte werden gesammelt und zu sogenannten Kapuzinerkegeln verarbeitet. In traditionellen Konditoreien geht so gut wie nichts verloren. Zum Schluss überzieht sie die Torten gekonnt mit dem flüssigen Fondant, bevor sie mindestens für ein paar Stunden in der Kühlung verschwinden.

Kurz darauf sitzen wir wieder im Café, diesmal alle mit einem Stück Prinzregententorte vor uns.

„Die ist ziemlich süß und mächtig", lacht Gerti Karmann, „ich schaffe da kein ganzes Stück. Aber so ist eben das Original von damals." Man dürfe aber nicht außer Acht lassen, dass Butter, Zucker und Schokolade vor 140 Jahren noch einen anderen Stellenwert hatten und ein Stück Torte für viele Menschen einen vergleichsweise seltenen Luxus darstellte.

Hinter der Theke bereitet man sich auf die reguläre Öffnung vor. Eine Mitarbeiterin bringt Kuchen und Torten aus der Backstube. Ihre Kollegin verteilt handgeschriebene Schilder in der Glastheke. Käsekuchen, Holländer Kirsch und Himbeersahne. Viele Rezepte sind noch von früher und vor allem an der Prinzregententorte wird nichts verändert. Das ist Gesetz. Ansonsten aber werden inzwischen auch Spezialitäten aus anderen Ländern hergestellt, Shortbread aus Schottland etwa, französische Madeleines oder Cantuccini nach italienischem Rezept.

„Die Prinzregententorte wird aber nach wie vor am meisten verkauft", erklärt Frau Karmann, „es gibt viel Stammkundschaft und sogar Familien, die schon seit rund 150 Jahren kommen." Und versandfähig ist sie auch, in einem hübschen Holzkästchen.

Sie überlegt einen Moment, als wir sie nach der Zukunft fragen. „Ich sehe da zwei Arten von Gästen", sagt sie, „die einen kommen rein und wollen, dass alles immer vorhanden ist. Und wenn es zum Beispiel keine Sachertorte gibt, dann gehen sie wieder. Die werden wir nicht halten können. Die anderen schätzen das Handwerk und die besonderen Traditionen. Die werden wir auch in Zukunft brauchen."

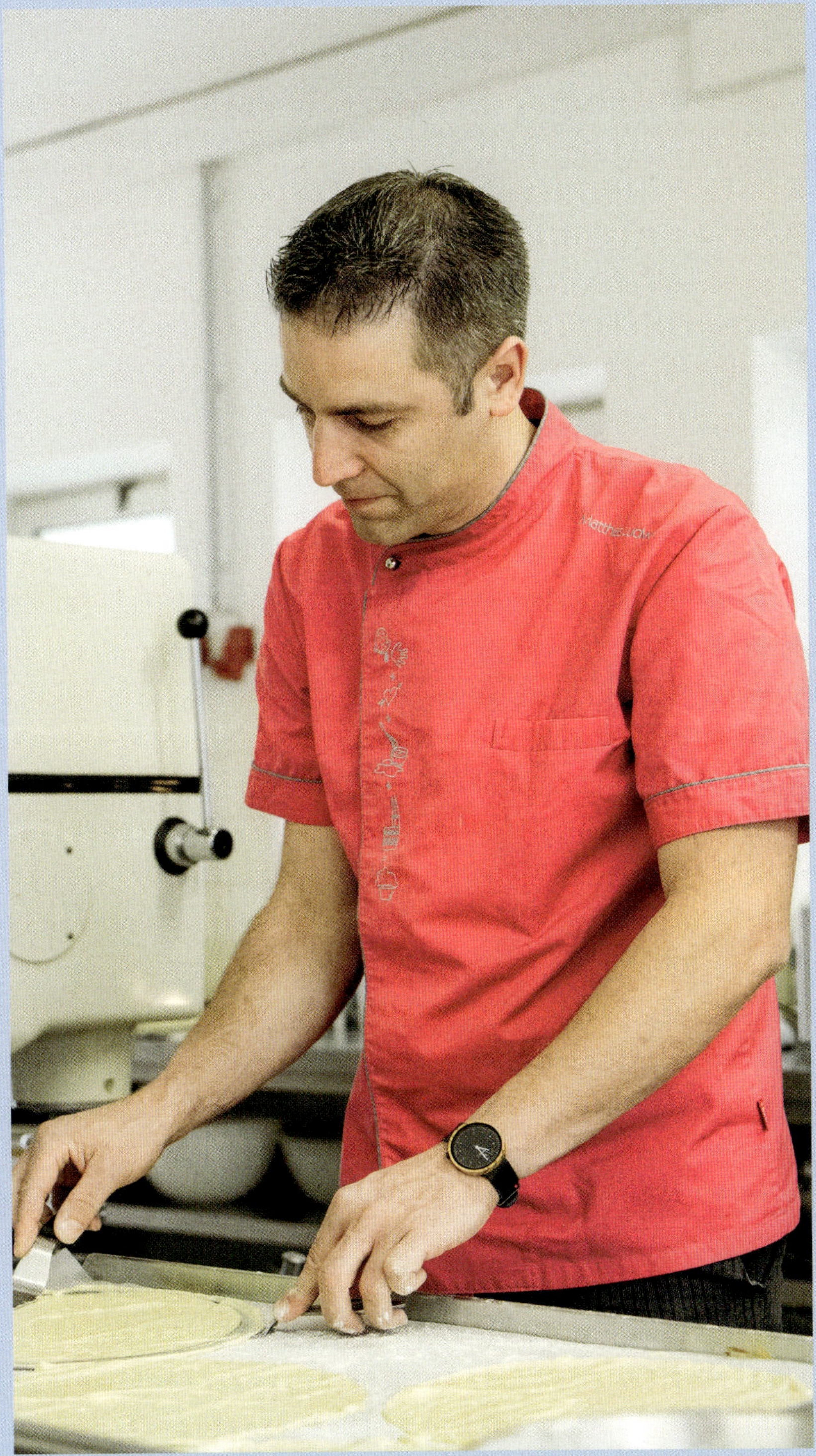

SAND KUCHEN

Der wohl einfachste Teig – eine Masse aus Fett, Ei, Zucker, Mehl und Stärke, die sich zu Zitronen-, Marmor-, Nuss- und Schokoladenkuchen verarbeiten lässt. Obwohl die eine oder andere Variante in nahezu jeder Konditorei zu finden ist, wird der Sandkuchen mitunter als „trocken" verschmäht. Aber nicht jedes Backwerk muss „saftig" sein und wie der Name schon vermuten lässt, geht es bei diesem hier eher um die sandige Konsistenz.

Über den herkömmlichen Zitronenkuchen müssen wir nicht viele Worte verlieren. Aber wir haben uns überlegt, welche Aromen im Rahmen eines Foodpairings gut zusammenpassen. Wir haben einen Haselnuss- und einen Zitronenkuchen getrennt gebacken, diagonal angeschnitten und mit einer Zitronenkonfitüre wieder zusammengesetzt.

Sandkuchen

TIPP

Sollte sich der Teig beim Aufschlagen trennen, ist eine Komponente zu kalt gewesen. Der Teig kann dann ein wenig angewärmt und weiter aufgeschlagen werden, damit er wieder homogen wird.

FÜR DEN ZITRONEN-SANDKUCHEN

85 g Zucker	115 g Butter plus etwas mehr für die Form	2 Eier	115 g Weizenmehl Type 405 plus etwas mehr für die Form
40 g Maisstärkemehl	4 g Backpulver	Abrieb von einer ½ unbehandelten Zitrone	

FÜR DEN MARMORKUCHEN

65 g Zucker	110 g Butter	2 Eier	115 g Weizenmehl Type 405
4 g Backpulver	50 g dunkle Kuvertüre (64 % Kakaogehalt)		

ZITRONEN-SANDKUCHEN

Den Zucker und die zimmerwarme Butter schaumig rühren, dann die zimmerwarmen Eier nach und nach zugeben und weiter aufschlagen. Das Mehl, das Stärkemehl und das Backpulver in eine Schale sieben, den Zitronenabrieb untermischen und dann zügig unter die Buttermasse ziehen, dabei sollte die Masse so kurz wie möglich bearbeitet werden, damit sie nicht zäh wird. Eine Kastenform einfetten, mit Mehl bestauben und den Teig einfüllen. Den Sandkuchen im auf 160 °C vorgeheizten Backofen (Umluft) ca. 30–35 Minuten backen.

Anschließend mit der Stäbchenprobe kontrollieren, ob der Kuchen durchgebacken ist. Den Kuchen aus dem Ofen nehmen, seitlich ablegen und abkühlen lassen. Nach ca. 5 Minuten auf die andere Seite wenden und nach weiteren 5 Minuten auf ein Kuchengitter stürzen.

MARMORKUCHEN

Den Zucker und die zimmerwarme Butter schaumig rühren, dann die zimmerwarmen Eier nach und nach zugeben und weiter aufschlagen. Die Eier-Butter-Mischung dann in zwei Hälften teilen. 60 g Mehl mit 2 g Backpulver in eine Schale sieben und unter eine Teighälfte rühren. Das restliche Mehl (55 g) und das restliche Backpulver (2 g) in eine Schale sieben und zusammen mit der warmen, flüssigen Kuvertüre unter die andere Teighälfte rühren. Eine Kastenform einfetten und mit Mehl bestauben. Dann entweder den hellen und den dunklen Teig in einer Rührschüssel grob vermischen und dann in die Kastenform füllen. Oder die beiden Teige abwechseln esslöffelweise in die Kastenform einfüllen und so belassen oder mit einer Gabel noch marmorieren. Den Marmorkuchen im auf 160 °C vorgeheizten Backofen (Umluft) ca. 30–35 Minuten backen. Anschließend mit der Stäbchenprobe kontrollieren, ob der Kuchen durchgebacken ist. Den Kuchen aus dem Ofen nehmen, seitlich ablegen und abkühlen lassen. Nach ca. 5 Minuten auf die andere Seite wenden und nach weiteren 5 Minuten auf ein Kuchengitter stürzen.

FÜR CA. 10 SCHNITTEN (CA. 40 × 10 CM) — ZUBEREITUNGSZEIT ca. 1 h

100 g Puderzucker gesiebt	2 g Salz	80 g Butter plus etwas mehr für die Form	4 Eier
170 g Zucker	95 g flüssige Sahne (33–35 % Fettgehalt)	145 g Zitronensaft plus etwas mehr für den Glasurfondant	Abrieb von 1 unbehandelten Zitrone
210 g Weizenmehl Type 405 plus etwas mehr für die Form	4 g Backpulver	20 g Nusspaste	20 g Haselnusskerne gemahlen
20 g Haselnusskerne gehackt und geröstet	75 g Gelierzucker	1 g Agar-Agar	100 g Glasurfondant
gehackte Haselnüsse (optional)			

FÜR DIE ZITRONENKUCHENHÄLFTE 50 g Puderzucker, 1 g Salz und 40 g zimmerwarme Butter glatt rühren. Zwei zimmerwarme Eier, 70 g Zucker, 45 g Sahne und 25 g Zitronensaft sowie -abrieb vermischen und unter die Butter-Zucker-Mischung rühren. 110 g Mehl und 2 g Backpulver zusammen in eine Schale sieben und dann unterrühren.

FÜR DIE NUSSKUCHENHÄLFTE 50 g Puderzucker, 1 g Salz und 40 g zimmerwarme Butter glatt rühren. Zwei zimmerwarme Eier, 65 g Zucker, 50 g Sahne und die Nusspaste vermischen und unter die Butter-Zucker-Mischung rühren. 100 g Mehl und 2 g Backpulver zusammen in eine Schale sieben, mit den gemahlenen sowie den gehackten Haselnüssen vermischen und dann unterrühren.

Zwei Kastenformen sorgfältig einfetten und mit Mehl bestauben. Die beiden Teige in getrennte Kastenformen füllen, glatt streichen und im auf 160 °C vorgeheizten Backofen (Umluft) ca. 20–25 Minuten backen. Anschließend mit der Stäbchenprobe kontrollieren, ob der Kuchen durchgebacken ist. Den Kuchen aus dem Ofen nehmen, seitlich ablegen und abkühlen lassen. Nach ca. 5 Minuten auf die andere Seite wenden und nach weiteren 5 Minuten auf ein Kuchengitter stürzen.

FÜR DIE TRÄNKE in einem kleinen Topf den restlichen Zucker (35 g) und 45 g Zitronensaft erwärmen, bis der Zucker gelöst ist, und den Zitronenkuchen rundherum damit einpinseln.

FÜR DAS ZITRONENGELEE den restlichen Zitronensaft (75 g) mit dem Gelierzucker und dem Agar-Agar unter Rühren einmal gut aufkochen.

Die ausgekühlten Kuchen jeweils der Länge nach schräg halbieren. Die jeweilige Unterseite mit dem Zitronengelee bestreichen und die jeweils andere Kuchensorte aufsetzen. Das Gelee danach erneut aufkochen und die beiden zusammengesetzten Kuchen rundherum dünn damit einpinseln. Den Glasurfondant auf ca. 35 °C erwärmen und bei Bedarf mit etwas Zitronensaft verdünnen. Die Oberfläche der Kuchen dünn damit glasieren und nach Wunsch an den Rand Haselnüsse drücken.

Zitronen-Nuss-Kuchen

TIPP

Alternativ können die beiden Teigvarianten auch wie bei einem Marmorkuchen vor dem Backen miteinander gemischt werden.

Über die optimale Konsistenz eines Sandkuchens lässt sich vortrefflich streiten. Wie der Name schon sagt, handelt es sich eigentlich eher um ein »sandiges« (und nicht saftiges) Mundgefühl. Das Verhältnis von Zucker, Fett, Eiern und Mehl spielt dabei eine große Rolle. Hier kann man einfach etwas herumprobieren, um der Wunschkonsistenz näher zu kommen.

„Blätterteig muss man einfach mal ausprobieren. Klar ist das mehr Aufwand, aber es lohnt sich. Man kann im Prozess noch Dinge ausprobieren und zum Beispiel mit Schokolade experimentieren. Das verbaut man sich mit halb fertigen Produkten."

Matthias Ludwigs

SCHILLER LOCKEN

Die Schillerlocken sind die klassischste aller klassischen Konditoreispezialitäten. Nicht etwa, weil sie älter oder traditioneller wären als die anderen Gebäcke, Kuchen und Torten, sondern weil sie mit dem Schriftsteller Friedrich Schiller Bezug nehmen auf einen der wichtigsten Vertreter der Weimarer Klassik. Gemeinsam mit seinem Kollegen und Freund Johann Wolfgang von Goethe ist er auf dem Denkmal vor dem Deutschen Nationaltheater in Weimar zu sehen.

Während nach Goethe keine Lebensmittel benannt sind und er allenfalls in Frankfurt am Main mit eher deftigen Gerichten in Verbindung gebracht wird, gibt es gleich zwei Spezialitäten, die nach Schillers Frisur benannt sind. Denn die Schillerlocken bezeichnen einerseits die lockenförmig aufgewickelten und mit Sahne gefüllten Blätterteigstreifen, andererseits aber auch die geräucherten Bauchlappen des Dornhais.

Für die traditionelle Fassung haben wir Blätterteig um schmale, lange Kegel aus Blech gewickelt, gebacken, mit Hagelzucker bestreut und mit Sahne gefüllt. Diese Form haben wir nur minimal angepasst, mit einer gehaltvolleren Aufschlagganache kombiniert und mit flüssigem Karamell begossen.

Schillerlocken

TIPP

Das Grundrezept Blätterteig ergibt mehr, als tatsächlich benötigt wird. Da die Herstellung von Blätterteig aber sehr aufwendig ist, empfiehlt es sich, eine größere Menge zu machen. Reste können ohne Probleme eingefroren und später für andere, z. B. auch herzhafte Rezepte verwendet werden.

FÜR CA. 12 SCHILLERLOCKEN		ZUBEREITUNGSZEIT ca. 2 h	RUHEZEIT mehrere h
475 g **Weizenmehl Type 405** plus etwas mehr für die Teigbearbeitung	14 g **Salz**	45 g **Zucker**	220 g **sehr kaltes Wasser**
350 g **Butter**	1 **Eigelb**	20 g **Vollmilch**	40 g **Hagelzucker**
200 g **flüssige Sahne** (33–35 % Fettgehalt)	**Mark von ½ Vanilleschote**	**Sahnestandmittel**	

FÜR DEN BLÄTTERTEIG 440 g Mehl, das Salz, 30 g Zucker und das Wasser zügig zu einem glatten Teig verkneten, zu einer Kugel formen und gut in Frischhaltefolie eingepackt kalt stellen. Die Butter mit dem restlichen Mehl (35 g) verkneten, zu einer quadratischen Platte (ca. 14 × 14 cm) ausrollen und gut in Frischhaltefolie eingepackt kalt stellen.

Den Teig auf der bemehlten Arbeitsfläche zu einem Quadrat von 20 × 20 cm ausrollen (Diagonale des Butterquadrates). Die Butterplatte rautenförmig darauflegen. Dann die Ecken der Teigplatte wie einen Briefumschlag einklappen und die aneinanderliegenden Kanten gut zusammendrücken. Für die erste »Tour« das Ganze rechteckig auf die dreifache Länge ausrollen. Dann vom entstandenen Rechteck (ca. 60 × 20 cm) das rechte Drittel auf das mittlere klappen und darauf dann das linke Drittel klappen. Es ist jetzt wieder ein Quadrat (20 × 20 cm) entstanden. Die Teigplatte 1 Stunde gekühlt ruhen lassen. Diesen Vorgang – Ausrollen und erneutes Einschlagen – noch viermal wiederholen (fünf Touren insgesamt), dabei immer in Richtung der offenen Seite des Teiges rechteckig ausrollen wie oben beschrieben. Nach dem letzten Zusammenlegen und Durchkühlen die Teigplatte rechteckig auf ca. 40 × 20 cm ausrollen, halbieren und die Hälften jeweils auf ca. 2,5 mm Dicke ausrollen. Dabei ist zu beachten, dass ausreichend Mehl verwendet wird bzw. der Teig nicht an der Arbeitsfläche klebt. Der Teig sollte auch nicht zu lange verarbeitet werden, da er immer wärmer und weicher wird. Eine Hälfte des hergestellten Blätterteigs auf eine Größe von ca. 30 × 34 cm ausrollen und dann in zwölf gleichmäßig breite Streifen schneiden. Den Rest anderweitig verwenden oder einfrieren.

An der Spitze der Form beginnend die einzelnen Streifen überlappend um den Kegel herumwickeln. Das Ende etwas andrücken und die Formen so auf ein Blech legen, dass sich das angedrückte Ende unten befindet. Das Eigelb mit der Milch verquirlen, die Oberfläche der Spiralen dünn bestreichen und mit Hagelzucker bestreuen. Die Schillerlocken im auf 180 °C vorgeheizten Backofen (Umluft) ca. 20–25 Minuten goldbraun backen. Im heißen bzw. warmen Zustand von den Formen lösen und die Schillerlocken auskühlen lassen.

Die Sahne mit dem restlichen Zucker (15 g) und dem ausgekratzten Mark der Vanilleschote steif schlagen und in einen Spritzbeutel füllen. Die Schillerlocken vollständig mit der Sahne füllen und servieren.

FÜR 12 SCHILLERRÖLLCHEN | ZUBEREITUNGSZEIT ca. 1 h | RUHEZEIT 4 h

1 Blatt Gelatine	240 g flüssige Sahne (33–35 % Fettgehalt)	½ Vanilleschote	50 g gehackte weiße Kuvertüre
Blätterteig (siehe Rezept »Schillerlocken« Seite 180)	60 g Zucker	40 g Hagelzucker	

FÜR DIE VANILLE-AUFSCHLAGGANACHE die Gelatine 5 Minuten in kaltem Wasser einweichen. 80 g Sahne mit der aufgeschlitzten ausgekratzten Vanilleschote und dem ausgekratzten Vanillemark aufkochen. Dann die Gelatine ausdrücken und darin auflösen. Die Kuvertüre zugeben und durchrühren, bis sie sich aufgelöst hat. Die restliche Sahne (160 g) unterrühren und das Ganze mindestens 4 Stunden kalt stellen.

Den Blätterteig wie bei den Schillerlocken vorbereiten. Die Teigstreifen dann um Metallrohre (Ø 2–2,5 cm) wickeln. Das Ende etwas andrücken und die Formen so auf ein Blech legen, dass sich das angedrückte Ende unten befindet. Die Schillerlocken im auf 180 °C vorgeheizten Backofen (Umluft) ca. 20–25 Minuten goldbraun backen. Im heißen bzw. warmen Zustand von den Formen lösen und die Schillerlocken auskühlen lassen.

Nachdem die Röllchen ausgekühlt sind, den Zucker zu goldbraunem Karamell schmelzen und mit einem Löffel über die einzelnen Röllchen laufen lassen. Jeweils direkt im Anschluss den Hagelzucker aufstreuen.

Vor dem Servieren die Aufschlagganache in die Rührschüssel einer Küchenmaschine geben und dabei die Vanilleschote entnehmen. Die Ganache wie Sahne steif schlagen, in einen Spritzbeutel geben und die Röllchen damit füllen.

Schillerröllchen

SCHWARZ WÄLDER KIRSCH

Überraschenderweise ist die Schwarzwälder Kirschtorte eher ein Stück Migrationsgeschichte als eine originäre baden-württembergische Tradition.

Sie wurde vermutlich um 1915 von einem Konditor namens Josef Keller in Bad Godesberg bei Bonn erfunden. Dahin hatte es den Schwaben als Soldat im Ersten Weltkrieg verschlagen.

Trotzdem gibt es aber eine Verbindung zwischen der Hauptzutat, den Kirschen, und der angeblichen Heimatregion der Torte: Im Schwarzwald werden die Früchte in der Tat angebaut, auch wenn diese zu einem großen Teil zu Obstwasser verarbeitet werden. Aber das wird ja in der Torte nicht zu knapp verwendet, denn üblicherweise werden Mürbeteig und Wiener Böden mit Kirschwasser getränkt, mit Kompottkirschen belegt, mit Kirschwassersahne gefüllt und bestrichen und mit Schokoladenspänen garniert.

Daran haben wir uns erst einmal gehalten. Danach haben wir den Boden durch die Zugabe von Schokolade statt Kakao ähnlich intensiv wie den einer Sachertorte werden lassen, den Sahneanteil ordentlich reduziert und Kirschen und Kirschwasser in Form eines Törtchens in den Mittelpunkt gerückt.

Schwarzwälder Kirschtorte

TIPP

Sollte keine Kirschwassersahne übrig sein, werden nach der 4-stündigen Kühlzeit erneut ca. 200–300 g Sahne steif geschlagen und als Rosetten aufdressiert.

FÜR 1 TORTE (Ø 26 CM, HÖHE 6CM)		ZUBEREITUNGSZEIT ca. 1 h	RUHEZEIT 4 h
2 Eier	135 g Zucker	25 g Mandelkerne gemahlen	35 g Weizenmehl Type 405 gesiebt
7 g Backkakaopulver	1 g Backpulver	30 g Wasser	90 g Kirschwasser
1 Glas Kirschen (380 g Abtropfgewicht)	10 g Maisstärkemehl	5 Blatt Gelatine	900 g flüssige Sahne (33–35 % Fettgehalt)
1 Mürbeteigboden (siehe Rezept »Schwäbischer Apfelkuchen« Seite 18)	1 EL Kirschkonfitüre	80 g dunkle Schokoladen-raspel	12 Kirschen

FÜR DEN SCHOKOBISKUIT die Eier trennen, das Eiweiß in eine separate Rührschüssel geben. Das Eigelb mit 20 g Zucker und den Mandeln dickcremig aufschlagen. Das Eiweiß mit 20 g Zucker zu steifem Eischnee schlagen. Das Mehl, das Kakaopulver und das Backpulver vermischen und zusammen mit dem Eischnee unter die Eigelbmasse heben. Den Teig in einen Tortenring auf einem mit Backpapier ausgekleideten Backblech füllen und glatt streichen. Dann im auf 180 °C vorgeheizten Backofen (Umluft) ca. 20 Minuten backen. Gut auskühlen lassen, vom Ring lösen und in zwei Böden teilen.

FÜR DIE KIRSCHWASSERTRÄNKE 30 g Zucker mit 30 g Wasser aufkochen und dann abkühlen lassen. Anschließend 30 g Kirschwasser unterrühren und beiseitestellen.
FÜR DAS KIRSCHRAGOUT die Kirschen durch ein Sieb gießen und den Saft auffangen. 150 g Saft in einem Topf mit 15 g Zucker und dem Stärkemehl glatt rühren. Dann unter Rühren einmal kräftig aufkochen. Die Kirschen untermischen und das Ragout zum Abkühlen beiseitestellen.

FÜR DIE KIRSCHSAHNE die Gelatine 5 Minuten in kaltem Wasser einweichen. Dann 900 g Sahne mit dem restlichen Zucker (50 g) cremig aufschlagen. Das restliche Kirschwasser (60 g) in einer Schale über einem Wasserbad erwärmen und die ausgedrückte Gelatine darin auflösen. Dieses dann zügig unter die Sahne rühren und die Sahne steif schlagen. Die Kirschwassersahne direkt weiterverwenden.

Den Mürbeteigboden in den Tortenring einlegen, mit der glatt gerührten Konfitüre bestreichen und einen Biskuitboden auflegen. Gut festdrücken und mit der Hälfte der Kirschwassertränke bepinseln. Das Kirschragout kranzförmig darauf verteilen und mit etwas Kirschwassersahne bedecken. Den zweiten Boden auflegen und ebenso mit der Tränke bepinseln. Die restliche Kirschwassersahne darauf verteilen und glatt streichen. Sollte noch Kirschwassersahne übrig sein, diese in einen Spritzbeutel mit Sterntülle füllen und zwölf Rosetten aufspritzen. Anschließend die Torte mindestens 4 Stunden kalt stellen. Vor dem Servieren in die Mitte der Torte die Schokoladenraspel verteilen, auf jede Rosette eine Kirsche legen und etwas Puderzucker darübersieben.

FÜR 6–8 STÜCK | ZUBEREITUNGSZEIT ca. 1 h | RUHEZEIT mind. 4 h

155 g Zucker	80 g Wasser	30 g Kirschwasser	360 g Kirschen (TK)
50 g dunkle Kuvertüre (70 % Kakaogehalt)	70 g Butter	40 g Puderzucker gesiebt	3 Eier
65 g Weizenmehl Type 405 gesiebt	10 g Backkakaopulver gesiebt	1 Blatt Gelatine	250 g flüssige Sahne (33–35 % Fettgehalt)
6–8 Schokoladenplättchen			

FÜR DIE EINGELEGTEN KIRSCHEN 90 g Zucker mit 80 g Wasser aufkochen und 10 g Kirschwasser einrühren. Den heißen Kirschwassersud dann über die gefrorenen Kirschen gießen und das Ganze abgedeckt mindestens 4 Stunden stehen lassen.

FÜR DEN SCHOKOLADENBODEN die Kuvertüre in einer Schale über einem Wasserbad schmelzen. Dann die Butter und den Puderzucker schaumig schlagen. Die Eier trennen, das Eiweiß in eine separate Rührschüssel geben. Das Eigelb nach und nach zur Butter geben und kräftig unterrühren. Die flüssige Kuvertüre zugeben und alles zu einem glatten Teig verrühren. Das Mehl und das Kakaopulver vermischen. Das Eiweiß mit 50 g Zucker zu steifem Eischnee schlagen und zusammen mit der Mehl-Kakao-Mischung unterheben. Sechs bis acht Backringe (Ø 8 cm) auf ein mit Backpapier ausgekleidetes Backblech stellen und den Teig gleichmäßig darauf verteilen. Am einfachsten geht dies, wenn der Teig in einen Spritzbeutel abgefüllt und eingespritzt wird. Die Böden im auf 170 °C vorgeheizten Backofen (Umluft) ca. 15–18 Minuten backen. Aus den Ringen lösen und auskühlen lassen. Anschließend jeden Boden in drei Scheiben schneiden und diese wieder aufeinanderlegen.

FÜR DIE KIRSCHWASSERSAHNE die Gelatine 5 Minuten in kaltem Wasser einweichen. Dann die Sahne mit dem restlichen Zucker (15 g) cremig aufschlagen. Das restliche Kirschwasser (20 g) in einer Schale über einem Wasserbad erwärmen und die ausgedrückte Gelatine darin auflösen. Dieses dann zügig unter die Sahne rühren und die Sahne steif schlagen. Die Kirschwassersahne in einen Spritzbeutel mit Lochtülle (Ø 12 mm) füllen und 10 Minuten kalt stellen.

Die Kirschen auf ein Sieb geben und gut abtropfen lassen, dabei den Sud auffangen. Die jeweils zusammengehörenden Böden nebeneinander platzieren und großzügig mit dem Kirschsud tränken. Einige Sahnetupfen so auf jeweils zwei der Böden dressieren, dass immer eine Kirsche zwischen die Tupfen passt. Die beiden belegten Böden aufeinandersetzen, obenauf den dritten Boden legen und leicht andrücken. Einen Tupfen Sahne darauf platzieren und eine Kirsche sowie ein Schokoladenplättchen auflegen.

189

STACHEL BEER BAISER

„Mit steigender Temperatur erhöht sich auch die Zuckerkonzentration und das Endergebnis wird fester. Da braucht man noch nicht mal ein Thermometer, sondern nur eine Drahtschlaufe. Wenn sich Blasen formen lassen, ist die optimale Konsistenz erreicht."

Matthias Ludwigs

Stachelbeeren sind ein traditionelles Beerenobst, das mit dem Verschwinden von privaten Obst- und Gemüsegärten selten geworden ist und heute allenfalls noch als Marmelade vorkommt – außerdem natürlich in der allgegenwärtigen Stachelbeer-Baiser-Torte.
Die prononcierte Säure der Beeren harmoniert hervorragend mit der brüchigen Süße des Baisers.
Die getrocknete Eiweiß-Zucker-Mischung ist nach ihrer zarten Konsistenz benannt, denn „baiser" bedeutet auf Französisch eigentlich „Kuss". Allerdings sollte man in frankophonen Gegenden eher von „Meringue" sprechen, da das Wort in der Umgangssprache auch ein derber Ausdruck für Sex ist.
Weitere unverfängliche Synonyme sind Japonais- oder Windmasse. Das in den Konditoreien verwendete Obst wurde früher ausschließlich im unreifen Zustand geerntet, weil die Beeren dann am zartesten waren. „An der Seite wird ein länglicher Schnitt gemacht, mit einem Hölzchen werden die Kerne herausgenommen", empfiehlt das Lehrbuch von 1950.
Wir haben für beide Versionen bereits eingekochte Beeren verwendet und in der klassischen Version mit Sandmasse, Baiser und Mandeln kombiniert. Die Abwandlung besteht aus einem Financier als Boden, abgezogenen Beeren, Vanillemousse und Mandelbiskuit.

Stachelbeer-Baiser-Kuchen

160 g Butter	135 g Zucker	5 Eier	200 g Weizenmehl Type 405
4 g Backpulver	600 g Stachelbeeren (Konserve)	50 g Mandelblätter	

FÜR DEN STACHELBEERKUCHEN die Stachelbeeren in ein Sieb gießen und gut abtropfen lassen. Dann die Butter mit 60 g Zucker schaumig schlagen. 2 Eier trennen. Das Eiweiß beiseitestellen, das Eigelb und die restlichen ganzen Eier (drei) nacheinander zugeben und gut unterrühren. Das Mehl mit dem Backpulver vermischt über den Teig sieben und unterrühren. Den Teig dann in eine mit Backpapier ausgelegte Springform füllen. Die gut abgetropften Stachelbeeren darüber verteilen und etwas in den Teig drücken. Den Kuchen im auf 170 °C vorgeheizten Backofen (Umluft) ca. 20 Minuten backen.

Währenddessen für die Baisermasse das beiseitegestellte Eiweiß mit dem restlichen Zucker (75 g) zu steifem Baiser aufschlagen. Dieses dann auf den Kuchen streichen, die Mandelblätter darüber verteilen und den Kuchen 10 Minuten fertig backen. Nach dem Backen den Kuchen aus der Form lösen und auskühlen lassen.

FÜR 1 KUCHEN (Ø 26 CM) ZUBEREITUNGSZEIT ca. 1,5 h RUHEZEIT 4 h

150 g Mandelkerne gemahlen	140 g Puderzucker gesiebt plus etwas mehr für das Mandelbaiser	210 g Zucker	60 g Weizenmehl Type 405 gesiebt
2 g Salz	7 Eier	1 Ei	115 g flüssige Butter
520 g Stachelbeeren (TK oder frisch)	135 g Gelierzucker (2:1)	20 g Mandeln gehobelt	2½ Blatt Gelatine
30 g Wasser	½ Vanilleschote	380 g flüssige Sahne (33–35 % Fettgehalt)	1 Eiweiß
gehobelte weiße Kuvertüre			

FÜR DEN MANDELRÜHRTEIGBODEN 85 g gemahlene Mandeln, 85 g Puderzucker, 85 g Zucker, das Mehl und das Salz in einer Rührschüssel vermischen. Vier Eier trennen, dabei das Eigelb beiseitestellen. Das Eiweiß und ein ganzes Ei zu den Mandeln geben und gut verrühren. Als Letztes die flüssige Butter unterziehen und den Teig in eine mit Backpapier ausgelegte Springform füllen. Den Mandelrührteigboden im auf 160 °C vorgeheizten Backofen (Umluft) ca. 20 Minuten backen und auskühlen lassen.

FÜR DAS STACHELBEERRAGOUT die Hälfte der Stachelbeeren halbieren (frisch) oder grob hacken (aufgetaut) und beiseitestellen. Den Rest mixen, zusammen mit dem Gelierzucker unter Rühren aufkochen und 1 Minute köcheln lassen. Dann die beiseitegestellten Stachelbeeren untermischen und mit Frischhaltefolie abgedeckt zum Abkühlen beiseitestellen.

Für das Mandelbaiser zwei Eier trennen, das Eigelb zu dem bereits beiseitegestellten Eigelb (vier) geben. Das Eiweiß mit 25 g Zucker cremig-steif schlagen. Die restlichen gemahlenen Mandeln (65 g) mit dem restlichen Puderzucker (55 g) vermischen und zügig unterheben. Einen Tortenring (Ø 26 cm) auf ein mit Backpapier ausgekleidetes Backblech stellen, den Baiserteig einfüllen und glatt streichen. Dann den Ring abnehmen und die gehobelten Mandeln darüber verteilen. Etwa 2 TL Puderzucker darübersieben, im auf 180 °C vorgeheizten Backofen (Umluft) 12 Minuten backen und auskühlen lassen.

FÜR DIE VANILLEMOUSSE die Gelatine 5 Minuten in kaltem Wasser einweichen. Dann 40 g Zucker und 30 g Wasser mit dem ausgekratzten Mark und der Vanilleschote aufkochen. Das beiseitegestellte Eigelb (sechs) in der Küchenmaschine schaumig aufschlagen, den Vanille-Zucker-Sirup erneut aufkochen, die Vanilleschote entnehmen und den Sirup unter Rühren zum Eigelb gießen. Die ausgedrückte Gelatine in einer kleinen Schale über einem Wasserbad auflösen und unterrühren. So lange weiterschlagen, bis die Masse handwarm ist. Dann die cremig aufgeschlagene Sahne unterheben und direkt weiterverarbeiten.

Den Mandelrührteigboden in einen Tortenring legen und das Stachelbeerragout ungeordnet darauf verteilen, dabei aber die Mitte und den Rand frei lassen. Die Vanillemousse über dem kompletten Kuchen verteilen und dabei die Lücken füllen. Das Mandelbaiser auflegen und den Kuchen mindestens 4 Stunden kalt stellen.

FÜR DAS BAISER das Eiweiß mit dem restlichen Zucker (60 g) vermischen und über einem Wasserbad auf ca. 60 °C erhitzen. Mit dem Handrührgerät zu steifem Baiser aufschlagen, in einen Spritzbeutel mit kleiner Lochtülle füllen und sofort weiterverarbeiten. Den Kuchen aus der Kühlung nehmen und in die gewünschte Stückzahl (zwölf) einteilen, jedes Stück mit einem Baisertupfen und Kuvertüresplittern garnieren.

»Kölner Luft«

STOLLEN

„Im ersten Moment überrascht vielleicht die Menge der Trockenfrüchte, die sich aber schnell im Teig verliert.“ „Im Gegensatz zu einer Form werden Hauben auf dem Backblech aufgelegt. Sie geben dem Stollen eine gleichmäßigere Form und verhindern eine zu dunkle Kruste.“

Matthias Ludwigs

„Das ist mein erster Stollen, den ich auf der Arbeit backe. In der Ausbildung durfte ich immer nur buttern und zuckern.“

Die Lagerung des Gebäcks in einem Bergwerkstollen ist, auch wenn die gleichbleibenden Temperaturen grundsätzlich gut geeignet sind, eher eine zeitgenössische Marketinggeschichte. Die Bezeichnung rührt vermutlich nämlich eher von der Form als von der Lagerung, abgeleitet vom althochdeutschen Wort „stollo" für Stützen oder Pfosten.

Eine besondere Stellung in der Stollenproduktion nimmt die Stadt Dresden ein, wo die Herstellung bereits seit dem Dreißigjährigen Krieg bekannt ist. Seit 1996 ist etwa die Bezeichnung „Dresdner Christstollen" markenrechtlich geschützt und darf das Gebäck unter diesem Namen nur im Großraum der sächsischen Landeshauptstadt hergestellt werden. Festgelegt sind dabei das Backen ohne Form und die Anteile von Mehl und Butter, Sultaninen, kandierten Früchten und Mandeln sowie das Verbot von Margarine, Konservierungsstoffen und künstlichen Aromen. Abseits dieses Reinheitsgebots sind dem Experiment aber keine Grenzen gesetzt – Mandeln und Nüsse, Marzipan oder Persipan, Mohn oder Quark, Kirschen und Nougat. Wichtiges Alleinstellungsmerkmal ist der schwere Teig und der Einsatz von ausreichend Butter. In manchen Gegenden wird der Stollen mit Schweineschmalz hergestellt. In den Backbüchern der Nachkriegsjahre finden sich in diesem Zusammenhang auch Sparrezepte, bei denen das Fett durch gehackte Äpfel ersetzt wird. Die Saftigkeit erhält das Gebäck aber nicht durch einen an sich feuchten Teig (dies würde die Haltbarkeit verringern), sondern durch die lange Lagerung, in der die Früchte durchziehen. Ein Stollen ist darüber hinaus eher zuckerarm, die Süße erhält das fertige Produkt durch die dicke Schicht aus Puderzucker, durch die die Butter nicht hindurchscheinen darf.

Am klassischen Stollen haben wir kaum etwas verändert. Wir haben allerdings – und damit würden wir in Dresden schon aus der Wertung fallen – beim Backen mit und ohne Haube experimentiert. Im Experiment haben wir den klassischen Mix aus Zitronat, Orangeat, Sultaninen und Mandeln durch Aprikosen, Cranberrys und Pistazien ersetzt. Das macht nicht nur farblich, sondern durch die herben Noten der Beeren und die feine Säure der getrockneten Aprikosen auch geschmacklich einen Unterschied.

Dresdner Stollen

198

TIPP

Zum Lagern den vollständig ausgekühlten Stollen gut mit Folie eingewickelt oder in einem Gefrierbeutel verpackt an einem kühlen Ort lagern. Je länger der Stollen gelagert wird, desto besser schmeckt er, da sich die Süße und Feuchtigkeit der Früchte so am besten verteilen kann.

FÜR EINEN STOLLEN (À 100 G)	ZUBEREITUNGSZEIT ca. 1,5 h	RUHEZEIT mind. 2–3 h	
70 g Rosinen	70 g Korinthen	45 g Orangeat fein gehackt	45 g Zitronat fein gehackt
30 g Mandelkerne gestiftet oder gehackt	20 g Rum	170 g Weizenmehl Type 405 plus etwas mehr für die Teigbearbeitung	25 g Zucker
55 g Vollmilch	14 g Hefe	8 g Salz	65 g Butter plus etwas mehr für die Hefeteigschüssel
¼ TL Muskatblüte (Macis) gemahlen	ausgekratzes Mark einer Vanilleschote	80–100 g Nussbutter	80 g Puderzucker

FÜR DIE FRÜCHTEMISCHUNG die Trockenfrüchte und die Mandeln im Rum einlegen. 50 g Mehl mit 5 g Zucker, der Milch und der Hefe zu einem Vorteig glatt rühren und so lange bei Raumtemperatur stehen lassen, bis dieser Blasen wirft. Das restliche Mehl (120 g), das Salz, die Butter, den restlichen Zucker (20 g) und die Gewürze zugeben und alles zu einem glatten Teig kneten. Diesen abgedeckt bei Raumtemperatur für 1–2 Stunden gehen lassen. Alternativ in einer gefetteten Hefeteigschüssel abgedeckt über Nacht im Kühlschrank gehen lassen.

Den gegangenen Teig auf der leicht bemehlten Arbeitsfläche glatt kneten und flach drücken oder ausrollen. Die Früchtemischung daraufgeben, etwas andrücken und die Teigplatte einrollen. Die Rolle dann zu einer Kugel formen bzw. kneten. Dadurch wird verhindert, dass die Früchte zu lange mit dem Teig geknetet werden, sie dadurch kaputtgehen und zu stark in den Teig abfärben.

Den Teig wieder zu einer Kugel formen, diese etwas länglich formen und flach drücken. Mit einem Rollholz längs zwei Vertiefungen eindrücken. Den Teig an einer Seite hochnehmen und so einklappen, dass das hochgenommene Stück in der zweiten Vertiefung liegt. So entsteht die klassische Stollenform, die auch nach dem Gehen und Backen Bestand hat. An der Oberfläche herausstehende Früchte absammeln, den Stollen leicht aufklappen und die Früchte dort hineinlegen.

Den geformten Stollen auf ein mit Backpapier ausgekleidetes Backblech legen und abgedeckt bei Raumtemperatur erneut 1–1,5 Stunden gehen lassen. Falls eine »Stollenhaube« verwendet wird, diese dabei schon auflegen. Stollen ohne Haube anschließend mit Wasser bestreichen. Den Stollen im auf 150–160 °C vorgeheizten Backofen (Umluft) 40–45 Minuten backen.

Die Nussbutter komplett auf den noch warmen Stollen streichen. Anschließend großzügig Puderzucker darübersieben. Gegebenenfalls noch mehr Puderzucker darübersieben, um durchscheinende Butterflecken zu überdecken.

FÜR 1 STOLLEN (À 600 G) | ZUBEREITUNGSZEIT ca. 1,5 h | RUHEZEIT 2–3 h

85 g Aprikosen getrocknet und gewürfelt	85 g Cranberrys	40 g Pistazien leicht geröstet, mit Haut	15 g Cognac
210 g Weizenmehl Type 405 gesiebt plus etwas mehr für die Teigbearbeitung	5 g Zucker	80 g Vollmilch	20 g Hefe
6 g Salz	60 g Butter plus etwas mehr für die Hefeteigschüssel	20 g Schmalz	80–100 g Nussbutter
ca. 80 g Puderzucker			

FÜR DIE FRÜCHTEMISCHUNG die Trockenfrüchte und die Pistazien im Cognac einlegen. 50 g Mehl mit 5 g Zucker, der Milch und der Hefe zu einem Vorteig glatt rühren und so lange bei Raumtemperatur stehen lassen, bis dieser Blasen wirft.

Das restliche Mehl (155 g), das Salz, die 60 g Butter und das Schmalz zugeben und alles zu einem glatten Teig kneten. Diesen abgedeckt bei Raumtemperatur für 1–2 Stunden gehen lassen. Alternativ in einer gefetteten Hefeteigschüssel abgedeckt über Nacht im Kühlschrank gehen lassen.

Den gegangenen Teig auf der leicht bemehlten Arbeitsfläche glatt kneten und flach drücken oder ausrollen. Die Früchtemischung daraufgeben, etwas andrücken und die Teigplatte einrollen. Die Rolle dann zu einer Kugel formen bzw. kneten. Dadurch wird verhindert, dass die Früchte zu lange mit dem Teig geknetet werden, sie dadurch kaputtgehen und zu stark in den Teig abfärben.

Den Teig wieder zu einer Kugel formen, diese etwas länglich formen und flach drücken. Mit einem Rollholz längs zwei Vertiefungen eindrücken. Den Teig an einer Seite hochnehmen und so einklappen, dass das hochgenommene Stück in der zweiten Vertiefung liegt. So entsteht die klassische Stollenform, die auch nach dem Gehen und Backen Bestand hat. An der Oberfläche herausstehende Früchte absammeln, den Stollen leicht aufklappen und die Früchte dort hineinlegen.

Den geformten Stollen auf ein mit Backpapier ausgekleidetes Backblech legen und abgedeckt bei Raumtemperatur erneut 1–1,5 Stunden gehen lassen. Falls eine »Stollenhaube« verwendet wird, diese dabei schon auflegen. Stollen ohne Haube anschließend mit Wasser bestreichen. Den Stollen im auf 150–160 °C vorgeheizten Backofen (Umluft) 40–45 Minuten backen.

Die Nussbutter komplett auf den noch warmen Stollen streichen. Anschließend großzügig Puderzucker darübersieben. Gegebenenfalls noch mehr Puderzucker darübersieben, um durchscheinende Butterflecken zu überdecken.

Cranberry-Aprikosen-Stollen

TIPP

Am besten die dreifache Menge des Hefeteiges herstellen und verschiedene Varianten zubereiten. Durch die Verwendung von Schmalz wird der fertige Stollen etwas saftiger.

WIND BEUTEL

„Beim Backen kann man alle Regeln und Angaben beachten – die letzte Instanz ist man aber immer selbst. Man muss gucken und anfassen und darf sich niemals blind auf die Anweisungen verlassen.“

Matthias Ludwigs

Ein Windbeutel bezeichnet seit dem 18. Jahrhundert ein mit Sahne gefülltes Gebäck aus Brandmasse, aber auch einen „Großredner" oder einen nichtsnutzigen Menschen.

An und für sich ist das luftige Gebäck eine eher schlichte Angelegenheit.

In Frankreich heißt es schon etwas pompöser „Profiterole" und ist die Grundlage für den aus vielen kleinen Elementen zu einer Pyramide zusammengesetzten und mit feinen Karamellfäden überzogenen Croquembouche, was so viel bedeutet wie „kracht im Mund".
In Deutschland findet man immerhin ab und zu kunstvolle Versionen in Form von Schwänen.

Wir sind bei der einfachen Form des herkömmlichen Windbeutels geblieben und haben das Gebäck mit Kirschkompott und Vanillecreme gefüllt. Die Neuschöpfung hingegen beinhaltet eine reichhaltigere Diplomatencreme sowie Himbeergelee und ist garniert mit frischen Beeren.

Windbeutel

TIPP

Bei der Herstellung von Grütze das Stärkemehl oder Agar-Agar möglichst genau dosieren, da sonst das Ergebnis entweder zu dick oder zu flüssig wird. Dafür ist eine Küchenwaage nötig, die in 1-g-Schritten wiegen kann.

FÜR 6–8 STÜCK		ZUBEREITUNGSZEIT	ca. 1 h
125 g Vollmilch	60 g Butter	Salz	100 g Weizenmehl Type 405 gesiebt
3 Eier	90 g Apfelsaft	40 g Zucker	10 g Maisstärkemehl
190 g Himbeeren (TK)	360 g flüssige Sahne (33–35 % Fettgehalt)	Sahnestandmittel (optional)	Puderzucker

FÜR DEN BRANDTEIG die Milch, die Butter sowie das Salz bei mittlerer Temperatur aufkochen. Dann den Topf vom Herd ziehen und das Mehl zugeben. Alles zügig mit einem Holzkochlöffel oder einem Silikonspatel vermischen. Dann auf mittlerer Hitze »abbrennen«, bis sich ein weißer Belag am Topfboden bildet und ein Kloß entstanden ist. Den Teigkloß in eine Schüssel umfüllen und die Eier nach und nach mit einem Handrührgerät unterkneten. Ein Backblech mit Backpapier auskleiden und mit zwei Löffeln Teigportionen in der gewünschten Größe in ausreichendem Abstand zueinander daraufsetzen. Die Windbeutel in den auf 190 °C vorgeheizten Backofen (Umluft) schieben, die Temperatur auf 170 °C senken und 15 Minuten backen. Anschließend die Temperatur auf 160 °C senken und weitere 15 Minuten backen. Nach dem Auskühlen den Deckel in der gewünschten Höhe abschneiden.

FÜR DIE HIMBEERGRÜTZE den Apfelsaft, 20 g Zucker und das Stärkemehl in einem kleinen Topf verrühren und unter ständigem Rühren erhitzen. Sobald die Grütze anfängt sehr dick zu werden, vom Herd ziehen und dabei kräftig weiterrühren. Sobald die Masse wieder eine einheitliche Konsistenz hat, den Topf erneut auf den Herd stellen und 1 Minute unter Rühren köcheln lassen. Dann vom Herd nehmen, die gefrorenen Himbeeren zugeben und so lange rühren, bis sie etwas weich geworden sind. In eine Schale umfüllen und zum Auskühlen beiseitestellen.

FÜR DIE SAHNEFÜLLUNG die Sahne mit dem restlichen Zucker (20 g) sehr steif aufschlagen und kalt stellen. Nach Wunsch noch etwas Sahnestandmittel unterrühren, allerdings sollte die stabilisierende Wirkung des Zuckers eigentlich ausreichend sein.
Die Unterseite der Windbeutel großzügig mit Sahne füllen und den Windbeutel danach kurz auf der Arbeitsfläche aufklopfen, damit sich die Sahne besser verteilt. Die Himbeergrütze darauf verteilen, mit der restlichen Sahne bedecken und die Oberseite auflegen. Zum Servieren mit etwas Puderzucker bestauben.

FÜR CA. 6 STÜCK — ZUBEREITUNGSZEIT ca. 1,5 h

65 g Butter	25 g Puderzucker plus etwas mehr zum Bestauben	90 g Weizenmehl Type 405 gesiebt	255 g Vollmilch
55 g Wasser	1 Msp. Salz	2 Eier	ca. 200 g Himbeeren (TK)
55 g Zucker	1 g Agar-Agar	1 Eigelb	20 g Maisstärkemehl oder Vanillecremepulver
¼ Vanilleschote	200 g flüssige Sahne (33–35 % Fettgehalt)	30 Himbeeren	

FÜR DIE KNUSPERSCHICHT 25 g Butter, den Puderzucker und 25 g Mehl zu einem glatten Teig verkneten und zwischen zwei Backpapieren so dünn wie möglich ausrollen. Die obere Lage Backpapier abnehmen und sechs Kreise (Ø 6 cm) ausstechen. Dann das Backpapier locker wieder auflegen und die Teigscheiben einfrieren.

FÜR DEN BRANDTEIG 55 g Milch, die restliche Butter (40 g) sowie das Salz bei mittlerer Temperatur aufkochen. Dann den Topf vom Herd ziehen und das restliche Mehl (65 g) zugeben. Alles zügig mit einem Holzkochlöffel oder einem Silikonspatel vermischen. Dann auf mittlerer Hitze »abbrennen«, bis sich ein weißer Belag am Topfboden bildet und ein Kloß entstanden ist. Den Teigkloß in eine Schüssel umfüllen und die Eier nach und nach mit einem Handrührgerät unterkneten. Den Teig dann in einen Spritzbeutel umfüllen. Ein Backblech mit Backpapier auskleiden und flache Kreise (Ø 6 cm) aufdressieren. Die eingefrorenen Teigscheiben aus dem Tiefkühler nehmen und das noch anhaftende Backpapier auf der Unterseite abziehen. Je eine Teigscheibe auf die Teigkreise legen und in den auf 190 °C vorgeheizten Backofen (Umluft) schieben, die Temperatur auf 170 °C senken und 15 Minuten backen. Anschließend die Temperatur auf 160 °C senken und weitere 15 Minuten backen. Nach dem Auskühlen den Deckel in der gewünschten Höhe abschneiden.

FÜR DAS HIMBEERGELEE ein Backblech bereitstellen und einmal feucht abwischen. Die Himbeeren etwas antauen lassen, mixen und durch ein Sieb streichen. Es werden 120 g Himbeerpüree benötigt. Dieses mit 10 g Zucker sowie dem Agar-Agar in einem kleinen Topf verrühren und unter ständigem Rühren aufkochen. Das Püree sollte dadurch schon leicht angedickt sein. Direkt zwölf Portionen auf dem Blech so verteilen, dass Kreise (Ø ca. 5 cm) entstehen. Das Blech ohne Bewegung stehen lassen, bis das Gelee vollständig ausgekühlt ist. Sobald die Scheiben fest geworden sind, diese mit einer Palette vom Blech lösen und immer zwei Scheiben aufeinanderstapeln.

FÜR DIE DIPLOMATENCREME Das Eigelb, das Stärkemehl und den restlichen Zucker (45 g) gut verrühren. Die restliche Milch (200 g) aufkochen und unter Rühren zur Eigelbmasse geben. Wenn alles vermischt ist, zurück in den Topf gebenund unter ständigem Rühren aufkochen lassen. Sollte die Creme dabei zu schnell andicken und »stückig« werden, den Topf zwischendurch vom Herd ziehen und dabei konsequent weiterrühren. Die angedickte Creme unter ständigem Rühren 30 Sekunden kochen. Die Creme dann zum Auskühlen auf einem Backblech ausstreichen und mit Frischhaltefolie abdecken. Die abgekühlte Creme dann wieder in eine Rührschüssel füllen und mit einem Handrührgerät glatt rühren. Die Sahne steif schlagen und ein Drittel unter die Creme rühren. Die restliche Sahne unterheben und die Creme dann in einen Spritzbeutel mit runder Lochtülle (Ø ca. 10 mm) umfüllen.

Die Unterteile der Windbeutel bis 5 mm unterhalb des Rands mit einem Drittel der Creme füllen. Jeweils zwei Geleescheiben einlegen und ein weiteres Drittel der Creme aufdressieren. Mit den Himbeeren belegen und die restliche Creme dekorativ aufspritzen. Den Deckel des Windbeutels auflegen und mit Puderzucker bestauben.

Himbeer-Knusper-Windbeutel

TIPP

Gebackene Windbeutel lassen sich sehr gut einfrieren. Bei Bedarf werden sie aufgetaut, im Ofen kurz »aufgeknuspert« (5 Minuten bei 180 °C, Umluft) und dann gefüllt.

ZITRONEN ROLLE

„Die besten Werkzeuge sind am Ende immer noch die Hände."

Matthias Ludwigs

Die Zitronenrolle ist ein interessantes Phänomen. Gibt man den Begriff in eine digitale Suchmaschine ein, finden sich rund 23.700 Treffer, zumeist Anleitungen auf Blogs oder den Internetpräsenzen von Supermarktketten.

Darüber hinaus gibt es Tipps für die Herstellung mit Küchenmaschinen, Antworten auf die Frage, ob man den Kuchen einfrieren kann, und Angaben über den Kaloriengehalt einzelner Stücke. Die Anleitungen ähneln sich dabei sehr: Man backe eine rechteckige Biskuitplatte, man bestreiche diese mit Zitronensahne, rolle sie zusammen und schneide sie in Stücke.

Aber auch in der einschlägigen Literatur findet sich nicht mehr als Backen, Bestreichen und Aufrollen. Darüber hinaus lässt sich über die Zitronenrolle nichts sagen.
Sie ist nicht nach einer historischen Figur benannt, es gibt keinen Konditor und keine Konditorin, der oder die die Erfindung für sich reklamiert, und auch die Zutaten lassen keine Rückschlüsse auf Entstehung oder Herkunft zu.

Dabei ist sie in den Konditoreien und Bäckereien landläufig zu finden und so präsent, dass der Comiczeichner Ralf König 1988 einen ganzen Band nach ihr benannte.

In der traditionellen Variante haben wir eine Biskuitplatte mit Zitronensahne bestrichen und aufgerollt und mit einem Zitronenschnitz dekoriert. In der zeitgemäßen Spielart haben wir den Biskuit zweifarbig gemacht und die Zitronensahne mit ein wenig Lemon Curd geschmacklich intensiviert.

Zitronenrolle

TIPP

Diese Biskuitkapsel lässt sich sehr gut einfrieren. Sie kann auch direkt oder am nächsten Tag verwendet werden. Bei allen Varianten immer so luftdicht wie möglich verpacken, damit sie nicht austrocknet.
Die Basis für die Herstellung einer Sahne-Creme, also alle Vorgänge bis auf das Untermischen von Sahne, wird »Fond« genannt. In der klassischen Konditorei wird dieser in größerer Menge vorbereitet und dann täglich die benötigte Menge abgenommen, auf die benötigte Temperatur gebracht und mit Sahne fertiggestellt. So kann rationeller gearbeitet werden. Inzwischen wird dieser Fond leider oft durch Halbfertigprodukte ersetzt, die zwar die Herstellung vereinfachen, aber leider auch einen »Einheitsgeschmack« zur Folge haben.

FÜR 1 ROLLE	ZUBEREITUNGSZEIT ca. 1 h		RUHEZEIT mind. 4 h
3 Eier	135 g Zucker	40 g Weizenmehl Type 405	45 g Maisstärkemehl
3 Blatt Gelatine	100 g Zitronensaft	Abrieb von 1 unbehandeltenZitrone (optional)	2 Eigelb
400 g flüssige Sahne (33–35 % Fettgehalt)	8–12 unbehandelte Zitronen	Puderzucker	

FÜR DIE BISKUITKAPSEL die Eier zusammen mit 85 g Zucker erst über einem Wasserbad auf ca. 40 °C erwärmen und dann in der Küchenmaschine oder mit dem Handrührgerät schaumig schlagen. Die Masse sollte komplett ausgekühlt sein und einen schönen Stand haben. Anschließend das Mehl und 40 g Stärkemehl vermischen und in eine Schale sieben. Die Mischung nach und nach zur Eimasse geben und unterheben. Den Teig auf einem mit Backpapier ausgekleideten Backblech (30 × 40 cm) glatt streichen und in den auf 190 °C vorgeheizten Backofen (Umluft) schieben. Die Temperatur dann auf 180 °C reduzieren und den Biskuitteig 10–12 Minuten backen. Als Garprobe die Ofentür öffnen und mit der flachen Hand vorsichtig auf die Oberfläche drücken, bei leicht federndem Widerstand ist der Biskuit fertig. Den Biskuitboden aus dem Ofen nehmen und zum Auskühlen auf ein Kuchengitter ziehen. Dann eine Lage Backpapier auf die Oberfläche legen und den Biskuit umdrehen, das Backpapier von der Unterseite abziehen und locker wieder auflegen.

FÜR DIE ZITRONENCREME die Gelatine 5 Minuten in kaltem Wasser einweichen. Den Zitronensaft aufkochen. Die beiden Eigelb, den restlichen Zucker (50 g) und das restliche Stärkemehl (5 g) gut verrühren, nach und nach den Zitronensaft unterrühren. Nach Wunsch kann durch Zugabe des Zitronenabriebs der Zitronengeschmack verstärkt werden. Das Ganze zurück in den Topf geben und unter ständigem Rühren aufkochen lassen. Die Masse wird sehr schnell dick, falls dies zu schnell geht, zwischendurch unter stetigem Rühren vom Herd ziehen. Anschließend in eine Schüssel geben, die ausgedrückte Gelatine darin auflösen und mit Frischhaltefolie bedecken, damit sich keine Haut bildet. Die Creme auf 28 °C abkühlen lassen. Dann die Sahne steif schlagen. Die Creme mit einem Schneebesen kräftig durchrühren, damit sie eine geschmeidige Konsistenz bekommt. Ein Drittel der Sahne unterrühren, dann den Rest unterheben.

Den Biskuitboden vor der Weiterverwendung wieder umdrehen, dann lässt sich die Oberfläche »abreiben« und die Schicht löst sich nachher in Verbindung mit der Füllung nicht ab. Das ist nicht zwingend erforderlich, ergibt aber ein besseres Ergebnis. Die entstandenen Brösel lassen sich gut rösten und können dann z. B. für ein kleines Dessert im Glas oder auch als Dekoration für die Rolle verwendet werden. Die Biskuitplatte an den Rändern begradigen. Die Abschnitte z. B. in Würfel geschnitten für ein Schichtdessert verwenden.

Den Biskuitboden dann auf ein Backpapier oder ein Küchenhandtuch legen und die Zitronencreme darauf verteilen, sodass an den langen Seiten ein 5 cm breiter Rand frei bleibt. Reste der Creme in einen Spritzbeutel füllen. Mithilfe des Backpapiers bzw. Küchentuchs die Rolle aufrollen. Dabei ein wenig Druck ausüben, damit sie gut zusammenhält. Die Rolle mit der Nahtstelle nach unten auf eine Platte legen, die restliche Creme dekorativ auf die einzelnen Stücke dressieren. Die Zitronenrolle dann mindestens 4 Stunden kalt stellen. Vor dem Servieren mit den Zitronenecken und etwas Puderzucker garnieren.

FÜR 8–10 STÜCKE		ZUBEREITUNGSZEIT ca. 2 h	RUHEZEIT mehrere h
3 Blatt Gelatine	7 Eier	145 g Zitronensaft	100 g Zucker
100 g Butter	75 g Puderzucker gesiebt	40 g Weizenmehl Type 405 gesiebt	gelb färbender Pflanzenextrakt oder Lebensmittelfarbe
45 g Mandelkerne gemahlen	175 g flüssige Sahne (33–35 % Fettgehalt)	Zesten von 1 unbehandelten Zitrone	
3 feste Folien (DIN A4)	2 Metallrohre (Ø 2 cm innen, 24 cm lang)	1 Schablone für Hippen	2 Metallrohre (Ø 5–6 cm innen, 24 cm lang)

FÜR DIE ZITRONENCREME eine Folie der Länge nach halbieren und in die kleinen Rohre stecken. Dann eine Seite mit Frischhaltefolie verschließen. Ein Blatt Gelatine 5 Minuten in kaltem Wasser einweichen. Drei Eier trennen, zwei Eiweiß für die Zitronenmousse in einer Rührschüssel beiseitestellen, das restliche Eiweiß anderweitig verwenden. Die drei Eigelb, ein ganzes Ei, 100 g Zitronensaft und 40 g Zucker in einem kleinen Topf gut vermischen. Unter ständigem Schlagen mit dem Schneebesen einmal aufkochen lassen, dabei sollte die Creme merklich dicker werden. Den Topf vom Herd ziehen und 20 Sekunden weiterrühren. 60 g zimmerwarme Butter und die ausgedrückte Gelatine in ein Gefäß mit hohem Rand füllen und die heiße Creme zugeben. Mit dem Stabmixer durchmixen, dabei sollte die Creme etwas zusammenfallen und flüssiger, aber auch kompakter werden. Die vorbereiteten Rohre mit der verschlossenen Seite nach unten in einen Becher stellen und die Creme einfüllen. Die Öffnungen verschließen und für mindestens 3 Stunden in den Tiefkühler legen. Dann die Rohre kurz unter kaltes Wasser halten und z. B. mit einem Löffelstiel die Creme-Rolle herausdrücken. Bis zur Verwendung im Tiefkühler lagern.

FÜR DAS DEKOR ein Ei trennen, das Eigelb für den Mandelbiskuit in einer Rührschüssel beiseitestellen. Das Eiweiß mit 30 g Puderzucker und 30 g Mehl glatt rühren. 30 g flüssige, warme Butter unterrühren und mit der Farbe kräftig gelb färben. Auf eine Silikonbackmatte (30 × 40 cm) streichen und mit den Fingern ein Streifenmuster ziehen. Die Backmatte auf ein Backblech legen und zur Seite stellen. Den Rest mit der Hippenschablone ebenfalls auf eine Silikonbackmatte aufstreichen und im auf 150 °C vorgeheizten Backofen (Umluft) 5–6 Minuten backen. Die niedrige Temperatur bräunt die Hippen nicht so stark und sie behalten den gelben Farbton noch leicht bei. Die Hippen nach dem Backen direkt von der Matte lösen, auskühlen lassen und bis zur Verwendung luftdicht lagern.

FÜR DEN MANDELBISKUIT zwei Eier trennen, das Eiweiß in einer Rührschüssel beiseitestellen. Das Eigelb zum beiseitegestellten Eigelb (Dekor) geben und zusammen mit den Mandeln und dem restlichen Puderzucker (45 g) cremig aufschlagen. Nacheinander das restliche Mehl (10 g) und 10 g flüssige, lauwarme Butter unter die Mandelmasse rühren. Die beiden Eiweiß und 10 g Zucker zu cremigem Eischnee schlagen. Erst ein Drittel, dann den restlichen Eischnee unterheben. Den Teig gleichmäßig auf die mit der gelben Dekormasse bestrichene Backmatte streichen und im auf 180 °C vorgeheizten Backofen (Umluft) 8–10 Minuten backen. Aus dem Ofen nehmen, den Biskuit vom Rand lösen und mit der Backmatte vom Blech (am besten auf ein Kuchengitter) ziehen. Auskühlen lassen, ein Backpapier auflegen, umdrehen und die Backmatte ablösen.

Bei Bedarf die Ränder etwas begradigen. Dann den Boden so halbieren, dass zwei Rechtecke von jeweils 27 × 17 cm entstehen. Die Abmessung der kürzeren Seite richtet sich dabei nach dem Durchmesser der verwendeten Rohre (Umfang = Innendurchmesser x 3,14, meist passt es genau, wenn der Biskuitboden 5 mm kürzer ist). Die beiden Biskuitrechtecke auf jeweils eine Folie legen, damit einrollen und in die großen Rohre einlegen.

FÜR DIE ZITRONENMOUSSE die restliche Gelatine (zwei Blätter) 5 Minuten in kaltem Wasser einweichen. Das beiseitegestellte Eiweiß (Zitronencreme) und den restlichen Zucker (50 g) über einem Wasserbad auf ca. 50 °C erwärmen und in der Küchenmaschine oder mitdem Handrührgerät zu steifem Eischnee kalt schlagen.

Mandel-Zitronenrolle

Die ausgedrückte Gelatine über einem Wasserbad auflösen, dann den restlichen Zitronensaft (45 g) zugeben und gut vermischen. Die Flüssigkeit bei laufender Maschine unter den steifen Eischnee rühren. Anschließend die cremig-steif geschlagene Sahne und die Zitronenzesten unterheben und die Mousse in einen Spritzbeutel umfüllen. Die Mousse gleichmäßig von einer Seite in die mit Biskuit ausgelegten Rohre spritzen. Dafür den Spritzbeutel in das liegende Rohr stecken und die Creme hineinpressen. Die Seite, von der befüllt wurde, gut mit Folie verschließen und die Rohre aufrecht stellen. Die gefrorenen Zitronencremestangen von oben so mittig wie möglich bis ganz nach unten in die Zitronencreme stecken. Die Öffnung mit Folie verschließen und die Rohre mindestens 2 Stunden kalt stellen.

Anschließend die Rollen mithilfe der Folie aus den Rohren lösen. Die Folie so abziehen, dass die Rollen mit der Biskuitnaht nach unten auf einem Schneidebrett liegen, und dann in die gewünschte Größe und Form schneiden. Dies geht besser, wenn man das Messer zwischendurch mit warmem Wasser anwärmt.

Nach Wunsch können die Mandel-Zitronenrollen mit den Hippen dekoriert werden. Damit diese besser halten, einen kleinen Schnitt an der Oberseite der Rolle machen. Da die Hippen sehr feuchtigkeitsempfindlich sind und schnell weich werden, sollten sie erst kurz vorm Servieren aufgesteckt werden.

TIPP

Biskuit bis zur Verwendung so luftdicht wie möglich lagern, damit er nicht austrocknet. Er kann auch sehr gut eingefroren werden.

ANHANG

REGISTER DER REZEPTE

REGISTER NACH ART DES TEIGES

ANKARSRUM

DANK AN UNSEREN PARTNER

ANKARSRUM®

Für die freundliche Unterstützung unserer Fotoproduktion danken wir Ankarsrum ganz herzlich!

»Nur deine Fantasie setzt die Grenzen für das, was du gemeinsam mit deiner Assistent Original herstellen kannst. Mixen, pürieren, schlagen, rühren, mahlen, Würstchen stopfen und vieles mehr. Nutze deine Assistent Original voll aus, indem du das breite Spektrum an verfügbarem Zubehör nutzt. Der Spaß kann losgehen!

Nie war Backen einfacher – und nie hat es mehr Spaß gemacht – als mit deiner Ankarsrum Assistent in der Küche. Sie bietet dir eine Vielzahl von Zubehörmöglichkeiten, die dir helfen, bei Brötchen, Brot, Kuchen und Rührteig Erfolg zu haben.«

Weitere Informationen auf www.ankarsrum.de

ÜBER DAS BUCH-TEAM

MATTHIAS LUDWIGS ist Koch und Konditormeister. Zu seinen beruflichen Stationen zählen Stefan Marquard in München, Dieter Müller auf Schloss Lerbach und die MS Europa. 2009 wurde er vom Gault&Millau zum Patissier des Jahres gekürt. Seit 2012 ist er Mitinhaber von „Törtchen Törtchen" in Köln mit mehreren Filialen, Cafés und eigenen Eisdielen. Als Experte für das feine Backen ist er regelmäßig zu Gast in TV- und Radiosendungen.

JENNIFER BRAUN
ist Werbefotografin und Kommunikationsdesignerin. Sie verknüpft ihre fachliche Expertise mit ihrer persönlichen Leidenschaft für Essen und Trinken – mit einem dezenten Schwerpunkt auf Kuchen und Gebäck. Ihre Arbeiten im Bereich Food & People sind geprägt von handwerklicher Präzision, denn die Qualität der Produkte und Geschichten vor der Kamera ist immer auch ausschlaggebend für ein gutes Foto.

JOHANNES J. ARENS
ist Journalist und Autor. Er studierte Design und Kulturanthropologie und kehrte nach beruflichen Stationen in Amsterdam und Berlin zurück ins Rheinland. Er ist Herausgeber des Foodmagazins „Zwischengang" und Kolumnist für „der Freitag". Die Suche nach der Essenz deutscher Konditoreikunst ist für den gebürtigen Aachener sowohl eine berufliche als auch eine private Mission.

TÖRTCHEN
TÖRTCHEN

DANK

Bei insgesamt vier Betrieben durften wir hinter die Kulissen schauen und im Rahmen unserer Reportagen einen genaueren Blick auf Technik, Handwerk und Traditionen werfen.

Wir bedanken uns für die Offenheit und das Vertrauen bei den folgenden Häusern:

Bäckerei und Konditorei Schlechtrimen, Köln-Kalk
Engelbert Schlechtrimen & Team

Baumkuchenmanufaktur Groch & Erben, Cottbus
Sören Hajek & Team

Café Niederegger, Lübeck
Roland Weichbrodt & Team

Konditorei Erbshäuser, München
Gerti Karmann & Team

IMPRESSUM

Verantwortlich: Sonya Mayer
Texte: Johannes Arens
Rezepte: Matthias Ludwigs
Fotografie: Jennifer Braun
Redaktion der Rezepte: Dr. Regina Roßkopf
Korrektorat: Judith Bingel
Umschlaggestaltung: Regina Degenkolbe
Gestaltung und Layout: Dominik Lanhenke
Partnermanagement: Thomas Nehm
Repro: LUDWIG:media
Herstellung: Julia Hegele

Printed in Poland by CGS Printing.

Bildnachweis
Alle Fotografien des Umschlags und des Innenteils stammen von Jennifer Braun (https://jennifer-braun.de/).

Unser komplettes Programm finden Sie unter:

www.christian-verlag.de

oder direkt unter:

Sind Sie mit diesem Titel zufrieden? Dann würden wir uns über Ihre Weiterempfehlung freuen. Erzählen Sie es im Freundeskreis, berichten Sie Ihrem Buchhändler oder bewerten Sie bei Onlinekauf. Und wenn Sie Kritik, Korrekturen, Aktualisierungen haben, freuen wir uns über Ihre Nachricht an: Christian Verlag, Postfach 40 02 09, D-80702 München oder per E-Mail an lektorat@verlagshaus.de

Alle Angaben dieses Werkes wurden von den Autoren sorgfältig recherchiert und auf den neuesten Stand gebracht sowie vom Verlag geprüft. Für die Richtigkeit der Angaben kann jedoch keine Haftung übernommen werden, weshalb die Nutzung auf eigene Gefahr erfolgt. Sollte dieses Werk Links auf Webseiten Dritter enthalten, so machen wir uns die Inhalte nicht zu eigen und übernehmen für die Inhalte keine Haftung.

In diesem Buch wird aus Gründen der besseren Lesbarkeit das generische Maskulinum verwendet. Weibliche und anderweitige Geschlechteridentitäten werden dabei ausdrücklich mitgemeint, soweit es für die Aussage erforderlich ist.

Die Deutsche Nationalbibliothek verzeichnet diese Publikation in der Deutschen Nationalbibliografie; detaillierte bibliografische Daten sind im Internet über http://dnb.d-nb.de abrufbar.

ISBN 978-3-95961-732-1